Victoria
SOBRE LA TENTACIÓN

Editorial UNILIT

Publicado por
Editorial **Unilit**
Miami, Fl. 33172
Derechos reservados

Primera edición 1999

© 1998 por Walk Thru the Bible Ministries
Originalmente publicado en inglés con el título:
Victory Over Temptation por Harvest House Publishers
Eugene, Oregon 97402

Ninguna parte de esta publicación podrá ser reproducida, procesada en algún sistema que la pueda reproducir, o transmitida en alguna forma o por algún medio —electrónico, mecánico, fotocopia, cinta magnetofónica u otro— excepto para breves citas en reseñas, sin el permiso previo de los editores.

Traducido al español por: Alicia Valdés Dapena

Citas bíblicas tomadas de la Santa Biblia, revisión 1960
© Sociedades Bíblicas Unidas
Otras citas marcadas B.d.l.A. "Biblia de las Américas"
© 1986 The Lockman Foundation
Usadas con permiso.

Producto 498671
ISBN 0-7899-0618-X
Impreso en Colombia
Printed in Colombia

RECONOCIMIENTOS

Victoria sobre la tentación es el resultado de los esfuerzos mancomunados de numerosas personas que se unieron a mí para seleccionar los artículos más sobresalientes que pudimos encontrar acerca del tema. Sin ellos, este instrumento para la santidad personal jamás se hubiese podido desarrollar, y por lo tanto, les hago patente mi sincero agradecimiento a:

Steve Kroening, el administrador del proyecto, por todas las muchas horas que dedicaste a la investigación, edición y organización de este proyecto. Tú sabes cómo convertir una buena idea en un gran libro.

Sammie Lanham, por coordinar y duplicar todos "los artículos de prueba" con varios grupos. Recorriste la milla adicional.

William Kruidenier y Cecil Price por la forma cuidadosa en que investigaron y "peinaron" todas las bibliotecas, en busca de los artículos más útiles sobre los temas clave. Únicamente ustedes hubiesen podido encontrar los tesoros escondidos en los archivos.

Pete Richardson, vicepresidente de los "Cumplidores de Promesas", por tu exhortación a la "Caminata Bíblica" para llevar a cabo este proyecto. Sin tu respaldo e invitación, nunca hubiéramos siquiera pensado en él.

Unas palabras de especial agradecimiento para aquellos que participaron en los grupos de prueba pilotos por "Los Cumplidores de Promesas" en Denver y por "Caminata Bíblica" en Atlanta. Las respuestas que ustedes ofrecieron definieron cuáles artículos hacían blanco y cuáles eran mejor descartar.

VICTORIA SOBRE LA TENTACIÓN

Que el Señor bendiga y aliente a cada uno de ustedes por su servicio y compromiso con el Señor. ¡Acepten nuestra gratitud por producir este instrumento único para quienes se esfuerzan por alcanzar la victoria sobre la tentación!

CONTENIDO

Tu caminata de 30 días hacia la santidad personal 9

PRIMERA PARTE: LA SANTIDAD

Volviendo a la santidad
el momento definitorio 13

1. LA SANTIDAD . . . .
   John White

2. QUÉ ES LA SANTIDAD Y POR QUÉ ES IMPORTANTE   27
   J.I. Packer

3. PERMANECER EN CRISTO: LA FUENTE DE
   LA SANTIDAD 35
   Neil Anderson y Robert Saucy

4. LA SANTIDAD ES PARA TI 41
   Jerry Bridges

5. LA OCUPACIÓN DIARIA DE LA SANTIDAD 49
   Churck Colson

6. RENDICIÓN ABSOLUTA 57
   Andrew Murray

7. ALIMENTARSE DE LA PALABRA DE DIOS 63
   Jack Hayford

8. DISCIPLÍNATE A TI MISMO PARA LA PIEDAD . . . 71
   Jerry Bridges

9. CRECEMOS POR MEDIO DEL EJERCICIO 77
   Warren Wiersbe

10. MI CORAZÓN: EL HOGAR DE CRISTO 85
    Robert Munger

SEGUNDA PARTE: LA TENTACIÓN

La verdad acerca de la tentación 95

11. BOCAS DE ACCESO ABIERTAS Y PECADOS SÚBITOS. 101
    Max Lucado

12. EL ACOSO 105
    Tim Stafford

13. PARA DECIR LA VERDAD 113
    R.C. Sproul

14. LA CÓLERA 117
    Patrick Morley

15. PRESIONES DEL TRABAJO 127
    Gary Rosberg

16. EL USO ESTRATÉGICO DEL TIEMPO 135
    J. Oswald Sanders

17. ¿TENDREMOS LO SUFICIENTE ALGUNA VEZ? . . . 143
    Ron Blue

18. DISCIPLINA: CONSEGUIR EL ÉXITO POSPONIENDO
    LA GRATIFICACIÓN 151
    Bill Hybels

19. NO CEDER MÁS A LA TENTACIÓN 159
    Tony Evans

20. UN ANTÍDOTO PARA LOS ARDIDES DE SATANÁS   165
    CharlesSpurgeon

TERCERA PARTE: LA PUREZA SEXUAL

Contrarrestando la
devastadora epidemia 173

20. EL PROBLEMA DE "PLAYBOY" 179
    Robert Louis Cole

22. LA DISCIPLINA DE LA PUREZA 187
    R. Kent Hughes

23. LLEVANDO UNA VIDA INTERIOR SECRETA 195
    Patrick Morley

24. ¿TE DOMINA TU IMPULSO SEXUAL? 203
    William Backus

25. LA NECESIDAD DE LA PUREZA 211
    Bruce H. Wilkinson

26. CERRANDO LA PUERTA DE LA LASCIVIA 219
    Charles Swindoll

27. ESTRATEGIAS PARA EVITAR CAERSE 225
    Randy Alcorn

28. PERO NO PUEDO DEJARLA IR 233
    Erwin Lutzer

29. EL PODER OCULTO DE LOS AMIGOS 241
    Gary Smalley y John Trent, Ph.D.

30. ASUMIENDO LA RESPONSABILIDAD 249
    Howard y William Hendricks

    UNA ORACIÓN PIDIENDO PROTECCIÓN CONTRA
    LA TENTACIÓN 257
    Martin Lutero

TU CAMINATA DE 30 DÍAS HACIA LA SANTIDAD PERSONAL

POR BRUCE H. WILKINSON

Si te pareces a mí, sentarte a mirar el noticiero de la tarde puede ser una experiencia abrumadora. De hecho, el otro día se informó que un niñito de cinco años resultó muerto a tiros por un tirador que pasaba. ¡Qué tragedia!

Pero esa es la realidad de nuestro mundo de hoy: asesinatos, consumo de drogas, bombas que explotan, violaciones y otros crímenes sexuales, violencia doméstica, y miríadas de problemas similares.

Por desgracia, el noticiero de la tarde no es el único lugar donde puedes oír de esto. Enciende la televisión durante el día o a cualquier hora de gran audiencia, y verás una enorme dosis de estas cosas representadas ante tus ojos. Simpáticas comedias y conmovedores dramas nos han enseñado sutilmente la forma incorrecta de tratar las relaciones, de administrar nuestro dinero, que debemos valorar y cómo decidir si algo está bien o mal. Aun los *shows* más mundanos con frecuencia nos enseñan ideas y conductas inapropiadas. Aunque la televisión no sea la única culpable en nuestra sociedad decadente, nuestra cultura se está convirtiendo más y más en el reflejo de lo que se ve en la pantalla.

Pero los cristianos están llamados a volverse más como Cristo, no como la gente que vemos en la TV. Primera de Pedro 1:15-16 nos ordena que seamos como Cristo con estas palabras: "Así como Aquél que os llamó es santo, así también sed vosotros santos en toda vuestra manera de vivir; porque escrito está: SED SANTOS PORQUE YO SOY SANTO."

La Biblia nos instruye claramente en este pasaje, así como en muchos otros por toda la Biblia, de que hemos de ser santos. Primero, *ser* santos, y después, *actuar* santamente. De eso se trata este libro: tu santidad personal. No cuando estés en el cielo, ni cuando tengas 90 años, sino cuando estás en la flor de tu vida ...como ahora.

Los 30 artículos que estás a punto de leer, han sido escritos por líderes devotos que saben lo que significa seguir a Cristo. Se han tomado el tiempo de aprender la diferencia entre el bien y el mal, y están recorriendo el sendero de la santidad personal.

Algunos de ustedes pueden estar diciendo que es demasiado difícil —si no imposible— volverse santo. Bueno, es verdad que el camino está preñado de peligros. Tentaciones irresistibles se interponen entre uno y su objetivo de santidad personal. Y lo que es peor, las seducciones sensuales tratarán de destruir cualquier esperanza de alcanzar la meta.

Pero hay buenas noticias: Dios no espera que lo hagamos con nuestras propias fuerzas. Su gracia y Su Espíritu Santo estarán allí contigo, dándote el poder de cumplir Su voluntad.

Y con este libro, tendrás a Charles Swindoll, Tony Evans y Max Lucado para andar contigo y alentarte cada día del mes.

Que este libro sea una exhortación en tu peregrinaje hacia la santidad personal.

---

* Pero la ayuda no se detiene ahí. Este libro es parte de un curso mayor que te ayudará a avanzar hacia la santidad personal. Cuando se trata de combatir tentaciones —nuestro mayor obstáculo para la santidad— necesitamos toda la ayuda que podamos conseguir. Por eso es que hemos desarrollado "Santidad personal en tiempos de tentación" —un amplio muestrario de instrumentos que te ayudarán durante el proceso de llegar a alcanzar la santidad personal.

El curso consta de cuatro videocintas, una por cada semana del mes, para darnos una visión panorámica de la semana. Entonces el curso te lleva a todos los detalles de la santidad personal con lecturas devocionales para toda una semana. Un tercer recurso es los *Transformadores*, que son tres tarjetas de 3" x 5" para cada semana que acompañan los devocionales diarios. Estas tarjetas tienen pasajes bíblicos claves y oraciones relacionadas, para tus mañanas, tardes y noches. Yo las aprovecho al máximo cuando las leo en voz alta a la misma hora cada día. Y por último, entre lección y lección, hay mucho que investigar y crecer, así que tenemos las audiocintas *El Discipulador* para ayudarte a repasar lo que has estado estudiando.

Así que tanto si comienzas el proceso solo o como parte de un grupo, te exhortamos vigorosamente a ver uno de los videos cada semana, seguir adelante a través de los devocionales diarios y las tarjetas con Escritura, y escuchar las audiocintas. Entonces deja sencillamente que el curso coopere con el Espíritu Santo y lo interiorices. Para obtener tu copia de la serie "Santidad personal en tiempos de tentación", llama al 1-800-763-5433. (Este material está disponible en inglés).

PRIMERA PARTE

La Santidad

"La razón por la cual todavía muchos están turbados, todavía buscan, todavía progresan y adelantan muy poco, es porque aún no han logrado conocerse a fondo..."

A.W. TOZER

"La obediencia conduce a la fe. Vive fielmente con la poquita luz que tienes ahora, y te será dada más."

LOUIS CASSELS

Volviendo a la santidad
EL MOMENTO DEFINITORIO

POR BRUCE H. WILKINSON

Estabas nervioso, por supuesto. ¿Quién no lo estaría? En unos minutos cruzarías esa puerta y tendrías una de las entrevistas más importantes de tu vida, para el empleo con el que habías soñado siempre. En una mano agarrabas tu último resumé (terminado justo la noche antes) y, en la otra, unas muestras de tus mejores trabajos.

La entrevista parecía ir yendo de lo mejor hasta que el vicepresidente te pidió que en tres o cuatro palabras describieras lo mejor posible quién eras como persona... fuera del empleo. ¡Qué pregunta candente! ¿Qué podrías decir acerca de ti mismo? Entonces te mostró un par de páginas escritas a mano y sonrió, diciendo que él había acabado de llamar a unos cuantos familiares y mejores amigos tuyos y les había hecho la misma pregunta.

Ahora piensa por un momento: ¿Qué podían haber dicho tus amigos íntimos acerca de ti, y en sólo tres o cuatro palabras? ¿Podría alguno de ellos haberte descrito con la palabra *santo*? ¿Habrías tú siquiera pensado en esa palabra? *Santo* parece una palabra extranjera; más para ministros, monjes, misioneros y mártires. Hace unos pocos días le hice esa misma pregunta a un grupo de hombres, y uno dijo que jamás había soñado siquiera que él pudiera haber sido un hombre "santo".

Es obvio que hay algunos malentendidos acerca de lo que significa ser santo. La Escritura nos dice que la voluntad de Dios es que seas santo; no sólo tu ministro o "ese otro tipo", sino tú.

Entonces ¿qué significa ser santo? Literalmente, la raíz del término *santo* significa "separar". Por ejemplo, si hubieras cortado un biftec en dos, y asado una parte y guardado la otra para otro día, lo hubieses hecho "santo" en un sentido general y no religioso. La gran idea de *santidad* incluye el concepto más amplio de separación. Cuando algo es separado, es separado *de* algo, así como separado *para* algo distinto. Tomemos ese biftec otra vez. Cuando lo cortaste, separaste un pedazo *del* todo y después lo separaste *para* el refrigerador.

¿Cuál es la voluntad de Dios?

Dios desea que seas un hombre santo. Entonces, en la misma raíz de lo que yace tras Su deseo para ti, tiene que estar que te vuelvas un individuo "separado". Lee esto con nuevos ojos:

> *Salid de en medio de ellos y apartaos, dice el Señor, y no toquéis lo inmundo, y yo os recibiré. Y yo seré para vosotros Padre, y vosotros seréis para mí hijos e hijas, dice el Señor Todopoderoso* (2 Corintios 6:17-18, cursivas nuestras).

Así que, amigo mío, el Señor te está llamando a salir y estar separado, y entonces permanecer separado de lo que es "inmundo" y disfrutar la maravillosa Paternidad del Señor Dios Todopoderoso en una profundidad que posiblemente nunca antes hayas experimentado.

Preséntate a Dios hoy

Algunas veces cuando discipulo a un hombre, le pido que me bosqueje su vida entera en un papel y señale las altas y bajas, los fracasos y los mayores logros.

Las líneas siempre tienen un número de agudos giros que reflejan el principio de algo enteramente diferente en la vida del hombre. Por ejemplo, el matrimonio cambia a un hombre. Al igual que los hijos; especialmente el primero. Un grave fracaso también cambia a un hombre, con frecuencia haciéndolo caer en un profundo valle. El día que un hombre conoce a Jesús lo marca para siempre.

Como puedes imaginar, cada línea de la vida de un hombre parece enteramente distinta de la de cualquier otro, excepto por una cosa. La vida de algunos hombres tienen lo que yo llamo un "momento definitorio". Los hombres lo describen de distintos modos, pero todos están diciendo lo mismo. Mira a ver si puedes identificarte con las palabras mal hilvanadas de este hombre:

¿Sabes? después que me convertí en cristiano, crecí durante un tiempo pero entonces... ah, bueno, algo así como, ah, me descarrié ¿sabes?, del Señor. Pasaron los años cuando yo... como que, ¿sabes? dejé la iglesia, o sólo me rebelé contra lo que yo sabía que Dios quería. Pero entonces ahí (señala a un giro hacia arriba en la línea de su vida), redediqué mi vida a Dios. Ese fue un verdadero giro para mí. Ah, no es que yo sea perfecto, pero realmente empecé a crecer después que hice eso. Entonces es cuando realmente me entregué a Dios y dejé de jugar a la iglesia y comencé a servir a Dios con todo mi corazón.

¿Te parece familiar?

Calcula el costo

Jesús sabía que el secreto para la victoria final de un hombre en su vida espiritual tenía mucho que ver con ese "momento definitorio". De hecho, si un hombre no decide poner a Cristo por encima de todos y de todo, Jesús dijo que ese hombre no podría convertirse en un discípulo suyo plenamente desarrollado. No sólo jamás se

> SI DESEAS QUE CRISTO SEA TU HUÉSPED PERPETUO, DALE TODAS LAS LLAVES DE TU CORAZÓN; NO DEJES UN ARMARIO CERRADO PARA ÉL; ENTRÉGALE LA LLAVE DE TODA HABITACIÓN Y DE TODA RECÁMARA
>
> **Charles Spurgeon**

convertiría en un discípulo si no tomaba esa decisión, sino que Jesús también dijo que *¡no podría!*

¿Ves? después que eres salvo, tienes que enfrentar la llamada del Señor en tu corazón. Él no busca tener parte de él o la mayor parte de él; Cristo busca ser el verdadero Señor de tu corazón. Si no decides presentarte tú mismo, jamás te convertirás en un verdadero hombre santo.

La santidad siempre empieza con el corazón. La santidad no comienza con lo externo, sino con lo interno. No con un grupo de reglas y regulaciones, sino con una relación de confianza y completa dedicación. Lee las mismas palabras de Jesús acerca de lo que Él te está llamando a hacer: "Si alguno quiere venir en pos de mí, niéguese a sí mismo, tome su cruz y sígame" (Mateo 16:24).

Palabras retadoras, salidas de los labios del Señor. ¿Ves que lo que Jesús dice tiene que ser así con quienes "desean venir en pos de mí"? ¿Por qué? Porque sin un deseo de ir en pos de Jesús, jamás pagarás el precio que Él te pide.

Es asunto tuyo

Ahora déjame hacerte una pregunta que te ponga los pies sobre la tierra: ¿Alguna vez has tomado la decisión de procurar la santidad personal? No importa lo impío que hayas sido o cuán impío seas en este preciso momento, puedes convertir el día de hoy en un nuevo comienzo. Un nuevo inicio. Un apartar lo antiguo y centrar lo nuevo. Quizás el mejor modo de lanzarse en semejante nuevo comienzo con el Señor sea orar y contarle a Él tu deseo sincero de convertirte en un hombre santo y pedirle que te capacite por Su gracia y Su Espíritu Santo.

> SI POR TODO UN DÍA COMPLETO, CALLADOS Y DETERMINADOS, NOS ENTREGÁRAMOS A SER PROPIEDAD DE JESÚS Y A OBEDECER SUS ÓRDENES, NOS ASOMBRARÍAMOS AL FINAL DEL DÍA, AL COMPRENDER TODO LO QUE ÉL HA LOGRADO EN UN DÍA.
>
> **Oswald Chambers**

El 4 de octubre de 1997, más de un millón de hombres se reunió en Washington D.C., para hacer precisamente eso. Fue la reunión "De pie en la brecha" de los Cumplidores de Promesas, y los hombres vinieron de todo el país para tomar parte en ella. En un momento durante la reunión, estos cientos de miles de hombres, se arrodillaron y oraron silenciosamente por el perdón de sus pecados. ¡La escena fue imponente! ¡Más de un millón de hombres postrados sobre sus rostros ante Dios! Había un silencio tal, que podía oírse los pajaritos piando. Para muchos de esos hombres, aquella reunión fue un "momento definitorio".

Pero tú no tienes que ir a ninguna parte para tener un "momento definitorio". Puedes hacerlo exactamente donde estás. Si jamás has experimentado un "momento definitorio", ruego a Dios que hoy sea ese día. Las decisiones sobre las que estás a punto de leer te ayudarán a descubrir qué significa "negarse a sí mismo", "tomar tu cruz" y seguir a Cristo. Estas son llaves importantes para las puertas de la santidad.

Si has experimentado un "momento definitorio" ¡alabado sea Dios! Ya has iniciado el viaje del discipulado y estás creciendo en Cristo. Pienso que encontrarás que los siguientes artículos confirmarán tu dirección y te alentarán a continuar procurando la santidad personal.

De cualquier modo, la voluntad de Dios para tu vida es que tú seas santo y actúes santamente. ¿Estás listo para someterte a Su voluntad?

CAPÍTULO UNO

LA SANTIDAD

POR JOHN WHITE

El destino final del hombre no es la felicidad, ni la salud, sino la santidad. El objetivo único de Dios es producir santos. Él no es una máquina eterna de bendición; Él no vino a salvar a los hombres por lástima; vino a salvar a los hombres porque los había creado para que fueran santos.

OSWALD CHAMBERS

Alguna vez has salido a pescar en un río contaminado y has "pescado" un zapato viejo, una cafetera o una lata herrumbrosa? Yo "pesco" algo por el estilo cuando empleo como carnada la palabra *santidad* para buscar en las profundidades de mi mente. Para mi desazón consigo asociaciones como:

tenuidad
ascetismo
demacración
barbas
sandalias
túnicas largas
celdas de piedra
sin sexo
sin bromas
frecuentes baños fríos
ayuno
horas de oración
desiertos pedregosos
levantarse a las 4:00 A.M.
uñas limpias

vitrales coloreados
autohumillación

La lista es extraña. Algunos renglones sugieren que uno sólo puede alcanzar la santidad mediante un doloroso proceso riguroso. Sin embargo, muchos maestros declaran que tus esfuerzos más intensos serán vanos porque la santidad es algo que Dios da, no algo que uno logra. Además, mi yuxtaposición de renglones le presta un aire de frivolidad a un tema que ninguno de nosotros se atreve a tomar ligeramente. Si los medios por los cuales hombres y mujeres han buscado la santidad parecen ridículos, deberíamos llorar en vez de reír.

Más importante aun, los desechos y baratijas que flotan en mi mente señalan a algo irreal en nuestro concepto de santidad. Tomemos los renglones "túnicas, sandalias, barbas". Nos imaginamos a Jesús así. De ahí que, aunque estamos conscientes de que Su barba y Su túnica nada tenían que ver con Su santidad, inconscientemente lo agrupamos todo junto. Si dudas de lo que digo, trata de imaginarte a Jesús con un bigote, usando pantalones vaqueros y montado en una bicicleta. Si en algo te pareces a todos nosotros, te sentirás ofendido, aunque intelectualmente sabes que nada tiene de impío una bicicleta o unos pantalones vaqueros, y no hay razón moral para que Jesús, en el siglo veinte, no pudiera usar cualquiera de ellos.

Nuestras reacciones paradógicas son una pista de la artificialidad de nuestro concepto de santidad y del Santo de Dios. Porque mientras en un sentido la santidad tiene que ver con lo "enteramente distinto" todavía tiene que penetrar en la más mundana de nuestras actividades diarias para que la división entre lo sagrado y lo secular se desvanezca enteramente de nuestras vidas.

El Dios que es Santo

Hay dos ideas que son capitales cuando la Biblia habla acerca de la santidad de Dios; un atributo que más que cualquier otro parece expresar la esencia de lo que es Dios. Una idea tiene que ver con la separación y la diferencia. Dios

La santidad

no se parece a nada que nosotros podamos concebir o conocer. Es infinitamente más grande y más poderoso, además de ser cualitativa y sumamente disímil de nosotros y del universo que Él creó. Aunque hayamos sido hechos a Su imagen, y por lo tanto reflejemos Su ser, la diferencia es tal como para crear una sima de profundidad infinita entre lo que Él es y lo que somos nosotros. Dios dice: "Yo soy el que soy, y nada hay que pueda comparárseme."

La segunda idea tiene que ver con la moralidad. Vinculado a la diferencia cualitativa que mencioné, está la máxima belleza ética y la perfección moral. La santidad de Dios no es meramente la separación total de lo inmundo, sino una positiva bondad más allá de nuestra capacidad de concebir. Los mismos cielos son inmundos a Su vista. Pero es esta misma bondad y esta belleza las que Él desea compartir contigo. Él quiere que tú seas como Él.

Jamás podrás comprenderlo, mas estás llamado a conocerlo. Eres diferente de Él, no obstante Él desea darte la cualidad que más lo dintingue de ti. Eres redimido para ser apartado para el uso especial de Dios y ser hecho partícipe de Su perfección moral.

El veredicto

Cuando te convertiste en cristiano, Dios hizo mucho más que perdonar tus pecados. Te hizo justo. Él, el juez de los muertos y los vivos ¡te declaró "inocente"! Ahora te mira y te trata como si fueses perfectamente justo. No se engaña acerca de ti. Más bien, la mano del Cristo que te redimió con Su sangre sostiene tu mano.

El proceso por el que fuiste declarado inocente y por el cual quedaron hechas tus paces con Dios, se llama justificación. "Por tanto, habiendo sido justificados por la fe, tenemos paz para con Dios por medio de nuestro Señor Jesucristo" (Romanos 5:1).

Pero Dios hizo más que justificarte. Te santificó. No contento con declararte justo, empezó a compartir contigo Su santidad.

Puede que no hayas prestado atención a mi definición de *santificación* una o dos páginas atrás, Dios hizo dos cosas cuando te santificó: por obra del Espíritu Santo, te apartó para Sí exclusivamente. Además, comenzó un proceso dentro de ti para prepararte para que Él pueda usarte. Por medio del Espíritu Santo empezó a convertirte en una persona santa.

Lo que tú no te imaginaste después de un comienzo tan auspiciador, fue la intensa lucha y el descorazonador fracaso que le siguió. No pudiste comprender la naturaleza de la lucha, al no comprender que ni el Espíritu Santo ni tus tendencias pecaminosas llegarían nunca a transarse con un término medio.

Tú fuiste justificado y santificado. El problema es: ¿Qué salió mal en el proceso de santificación? ¿Cómo pudiera restablecerse?

El proceso de transformación

No os adaptéis a este mundo, sino transformaos.

Romanos 12:2

La transformación no es un asunto de hoy para mañana. Toma toda una vida, pero el proceso continuo de santificación está asegurado.

Por consiguiente, cuídate de cualquier libro o enseñanza que alardee de enseñar "un simple secreto" de "victoria" o de santificación. No hay nada secreto en el proceso. Puede ser que el libro tenga algo útil que ofrecer. Pero nada —ninguna fe, ni entrega, ni "abandonarse y permitir a Dios"— puede empezar el proceso de santificación dentro de ti. Ni secreto alguno puede completar el proceso de ahora para luego. Si eres cristiano, el proceso ya ha comenzado. En cuanto a lo que concierne a Dios, ya estás "apartado" para Su servicio sagrado. Y el Espíritu Santo está ansioso porque el proceso de adaptarte continúe.

¿Obra de Dios o tuya?

En el último párrafo me referí a la frase "abandonarse y permitir a Dios". Esta fue una frase clave de origen oscuro de finales del siglo diecinueve. Se dice que un estudiante de la

La santidad

universidad escribió en seis tarjetas postales las letras PERMITIR A DIOS y las colocó sobre la chimenea de su habitación. Cuando una corriente de aire las movió, se dice que él descubrió el secreto de permitir que Dios controlara su vida, abandonándose él mismo a ser controlado.

Muchos han encontrado útiles las palabras. Sin embargo, hacen surgir un tema muy grave acerca de la santidad en el que no están de acuerdo todos los cristianos. Algunos ven la santidad como una obra de Dios en la cual el cristiano no contribuye. La parte del cristiano es sencillamente abandonar todo control. La parte de Él es obrar a través de mí. Mis esfuerzos para conseguir la santidad no tendrán efecto. En mí —o sea, en mi carne— no hay bien alguno, así que nada de valor tengo para contribuir. Por lo tanto confío; o sea, descanso en Su bondad. No lucho para controlar mi temperamento, sino que permito que Cristo manipule mis sentimientos iracundos. Digo con Pablo: "No yo, sino Cristo". Es igual que si yo, como un capitán de barco, he estado al mando de mi vida hasta este punto, y ahora Otro toma el mando. Incluso la fe se considera como una pasividad de la voluntad; un descansar y relajarse, no un apoderarse o apropiarse.

Los dos puntos de vista de la santidad

Le llamaré a éste, el punto de vista pasivo de la santidad, en contraste con lo que pudiera llamarse el punto de vista activo, por el cual el cristiano es llamado a "luchar, combatir y orar".

Los maestros de la escuela activa acentúan lo que ellos llaman "los medios de la gracia". Ceder puede ser bueno, pero no excluye el velar y orar, la meditación en las Escrituras, el compañerismo con otros creyentes, un esfuerzo cuidadoso de "mantener buenas obras", un deliberado intento de refrenarse del pecado y llevar a cabo deberes cristianos.

Te sentirás confundido al hablar con exponentes de ambas escuelas, al encontrarte que pueden dar testimonios convincentes y sinceros de las bendiciones que han recibido como resultado de practicar lo que parecen principios contradictorios. Todas las escuelas están de acuerdo en que la fe es el tema clave. Todas ellas están de acuerdo en que los esfuerzos humanos por sí solos de nada sirven y que el poder de vivir santamente tiene que venir de Dios. Todas también están de acuerdo en que la base de la santificacion es la intervención de Dios en la encarnación, la muerte, la resurección y ascensión de Su Hijo, Jesucristo, y que la ayuda viene por medio del Espíritu Santo, que lleva a cabo la unión del creyente con Cristo. Pero una vez expuestos estos puntos generales de acuerdo, las palabras y frases empleadas se vuelven confusas y contradictorias.

No debe sorprendernos que haya confusión y dificultad. En primer lugar, el Nuevo Testamento mismo parece expresar ambos puntos de vista: "Ocupaos en vuestra salvación con temor y temblor" le escribe Pablo a los filipenses, aparentemente exponiendo un punto de vista activo de la vida cristiana. Pero a continuación prosigue: "porque Dios es quien obra en vosotros tanto el querer como el hacer para Su beneplácito" (Filipenses 2:12-13). Ahora, si te riges sólo por las palabras de la segunda parte de la frase, puedes llegar a la conclusión de que el cristiano debe ser pasivo en las manos de un Dios que obra activamente dentro de él. Y observa que Dios no sólo hace que un hombre haga lo que Dios quiere, sino que de hecho toma la decisión dentro de él; o sea, hace que él lo desee.

Mas para Pablo no parece haber conflicto entre la primera y la segunda parte de la frase. Hemos de obrar porque Dios está obrando en nosotros. El Nuevo Testamento nos presenta constantemente tanto lo que he llamado el enfoque activo como el pasivo de la santidad sin ningún sentido de contradicción.

Será bueno que nosotros comprendamos que estamos tratando con uno de los grandes misterios de la Escritura: el misterio de la interacción entre nuestra voluntad y la de Dios. La gloriosa obra de liberarte del pecado, convirtiéndote en algo completamente maravilloso, es una obra en la cual tanto tú como Dios tienen una parte cada uno. El problema surge cuando empiezas a tratar de trazar el límite donde termina la parte de Dios y empieza la tuya.

Que no haya malos entendidos: sin el Espíritu de Dios dentro de nosotros, nuestros esfuerzos son inútiles. Pero hemos sido redimidos y hemos sido santificados. Hemos sido apartados para que Dios nos use. Pongámonos entonces de acuerdo con Dios en el asunto. Si el ceder significa inclinarnos a Él como Rey, permitiendo que día por día, hora por hora cedamos cada parte de nuestro ser en obediencia a Él, no reservemos parte alguna de nuestras vidas para servir a intereses egoístas y ambiciones. Pero habiendo hecho eso, pongámonos toda la armadura de Dios y, con fuerza milagrosa, declaremos la guerra a todo lo que es malo dentro y fuera de nosotros.

Preguntas para el estudio

1. Cuando piensas en Dios, ¿qué es la primera cosa que usualmente te viene a la mente? ¿Se alínean tus pensamientos con Su santidad como está descrita en la Escritura? o ¿están ellos más alineados con lo que tú piensas que Él debería ser?

2. Por haberte apartado Dios para Sus divinos propósitos ¿te has sometido tú a Su voluntad en tu vida diaria? Dedica un tiempo a orar y a preguntarle a Dios cómo puedes participar en lo que Él está haciendo en tu vida, en las vidas de quienes te rodean y en el mundo. ¿Qúe dice la Escritura que deberías estar haciendo?

Condensado de *The Fight*, (La lucha) por John White. Copyright © 1976 por InterVarsity Christian Fellowship of the USA. Usado con permiso de InterVarsity Press, P.O.Box 1400, Downers Grove, IL 60515. Para ordenar *The Fight* o recibir gratis un catálogo de InterVarsity, llamar al 1-800-843-7225.

CAPÍTULO DOS

QUÉ ES LA SANTIDAD Y POR QUÉ ES IMPORTANTE

POR J.I. PACKER

Así como aquel que os llamó es santo, así también sed vosotros santos en toda vuestra manera de vivir; porque escrito está: "Sed santos porque Yo soy santo".

1 Pedro 1:15-16

Buscad la paz con todos y la santidad, sin la cual nadie verá al Señor.

Hebreos 12:14

Nuestro reloj del abuelo, que nos dice no sólo las horas, minutos y segundos, sino también los días de la semana, los meses del año y las fases de la luna, es todo un veterano. Arañado en uno de sus contrapesos está la fecha de 1780: el año de la Revolución Francesa y del primer término de la presidencia de George Washington.

También es un reloj musical, de una especie muy rara. No sólo da la hora, sino también tiene dentro un carillón (botones en un cilindro de latón con martillos que golpean campanas, las cuales tocan una melodía durante tres minutos cada tres horas). Dos de sus cuatro melodías las reconocemos, pues las escuchamos todavía hoy. Sin embargo, las otras dos, que suenan como danzas folklóricas, son desconocidas; no únicamente para nosotros, sino para todo el que las ha escuchado sonar alguna vez. A lo largo de los años se olvidaron, lo que es una lástima, porque son buenas melodías, y nos gustaría saber algo acerca de ellas.

Del mismo modo, la enseñanza cristiana acerca de la santidad ha sido olvidada en gran parte. Y también eso es una lástima, porque es central para la gloria de Dios y el bien de las almas.

Nuestra herencia cristiana de santidad

Hubo un tiempo en que todos los cristianos ponían gran énfasis en la realidad del llamado de Dios a la santidad y hablaban con profundo conocimiento acerca de cómo Él nos capacitaba para ello. Los protestantes evangélicos en particular, ofrecían innumerables variaciones acerca de los temas de lo que la santidad de Dios requería de nosotros, lo que nuestra santidad implica para nosotros, por qué medio y empleando cuáles disciplinas el Espíritu Santo nos santifica, y los modos en los cuales la santidad aumenta nuestra seguridad, gozo y utilidad para Dios.

Los puritanos insisten en que toda la vida y las relaciones tienen que volverse "santidad para el Señor". John Wesley le dijo al mundo que Dios había levantado al Metodismo "para difundir la santidad bíblica por toda la tierra". Phoebe Palmer, Handley Moule, Andrew Murray, Jessie Penn-Lewis, F.B. Meyer, Oswald Chambers, Horatius Bonar, Amy Carmichael y L.B. Maxwell son sólo unas pocas de las principales figuras en el "avivamiento de santidad" que tocó a toda la cristiandad evangélica desde mediados del siglo diecinueve hasta mediados del veinte.

¡Pero qué distinto es todo hoy! Al escuchar nuestros sermones y leer los libros que nos escribimos unos para otros, y después de observar la manera mundana, estrafalaria y pendenciera en que nos comportamos como cristianos, uno jamás imaginaría que alguna vez el camino de la santidad estuvo bien marcado para los creyentes en la Biblia, de modo que los ministros y la gente sabía qué cosa era, y podía hablar de ella con autoridad y confianza.

Definiendo la santidad

Pero ¿qué es exactamente la santidad?

Examinemos primero la palabra en sí misma. *Santidad* es un nombre de la familia del adjetivo *santo* y el verbo *santificar*, que significa "hacer santo".

Santo en los dos idiomas bíblicos —hebreo y griego— quiere decir "separado y apartado para Dios, consagrado y hecho para Él". En su aplicación a la gente —los "santos" de Dios— la palabra implica tanto devoción como asimilación: devoción en el sentido de vivir una vida al servicio de Dios; asimilación en el sentido de imitar, conformarse a, y parecerse al Dios a quien uno sirve.

La santidad tiene que ver con mi corazón

La santidad comienza dentro de la persona, con un propósito recto que busca expresarse en una conducta recta. No es sólo un asunto de los movimientos que hacemos, sino de los motivos que me impulsan a hacerlos.

Los objetivos, la pasión, el deseo, el anhelo, la aspiración, la meta y el impulso que motivan a una persona santa es agradar a Dios, tanto por lo que uno hace, como por lo que evita hacer. En otras palabras, uno practica las buenas obras y desecha las malas. Las buenas obras empiezan con la alabanza, la adoración y el honrar y exaltar a Dios como una forma de andar en la vida. Las malas obras comienzan descuidando estas cosas y dejando que se enfríe el entusiasmo por ellas. Así que tengo que esforzarme para mantener mi corazón atento para responderle a Dios.

Pero el ascetismo, como la abstinencia voluntaria, las rutinas de autoprivación y la austeridad burda, no son lo mismo que la santidad, aunque algunas formas de ascetismo puedan muy bien encontrar un lugar en la vida de una persona santa.

Tampoco lo es el formalismo, en el sentido de conformarse exteriormente en palabras y obras a las normas que Dios ha fijado, cualquier cosa que se parezca a santidad, aunque con toda seguridad no hay santidad sin semejante conformidad.

Ni lo es el legalismo, en el sentido de hacer las cosas para ganar el favor de Dios o ganar más del que tenemos, para que se nos considere santos. La santidad es siempre la respuesta agradecida del pecador por la gracia recibida.

Los fariseos de los tiempos de Jesús cometieron esos tres errores, pero fueron considerados gente muy santa hasta que

Jesús les dijo la verdad acerca de sí mismos y lo inadecuado de su supuesta piedad. Sin embargo, después de eso, no nos atrevemos a olvidar que la santidad comienza en el corazón. ¿Quién quiere juntarse con esos fariseos?

¿Es importante la santidad hoy en día?

Pero, ¿es realmente importante la santidad? ¿En definitiva, importa si los seguidores declarados de Cristo viven vidas santas o no?

Si observamos el mundo cristiano de hoy (y en particular la gran masa evangélica de Norteamérica), podríamos llegar fácilmente a la conclusión de que eso no importa. Una vez tuve que responder por escrito a la pregunta: "¿Está pasada de moda la santidad personal?" Se me hizo difícil no sacar la conclusión de que la mayoría de los creyentes de hoy, en su fuero interno, piensan que está pasada de moda. He aquí algo de la evidencia para esa conclusión.

Predicando y enseñando

Hoy en día ¿qué es lo que los cristianos predicamos y enseñamos, y el tema acerca del cual producimos programas de TV y videocasetes? La respuesta parece ser no la santidad, sino el éxito y los sentimientos positivos; alcanzar la salud, la riqueza, la liberación de las preocupaciones, el sexo saludable y las familias felices. Recuerdo haber visto en un periódico cristiano, en una sola página, una crítica de un grupo de ocho nuevos manuales de éstos. Me pregunto, ¿cuánto tiempo hace desde que oímos acerca de ocho nuevos libros sobre la santidad? ¿Nos atrevemos a adivinar?

Liderazgo

¿Qué es lo que los cristianos valoramos principalmente en nuestros líderes —nuestros predicadores, maestros, pastores, escritores, teleevangelistas, dirigentes de denominaciones, financiadores de iglesias y otras empresas cristianas, y otros con funciones claves en nuestro entorno?

La respuesta parece ser no su santidad, sino sus dones, habilidades y recursos. Es aplastante el número de líderes norteamericanos (y otros cristianos también) que en los últimos años han sido condenados por manejos turbios sexuales y financieros, y quienes cuando fueron acusados no aceptaron rendir cuentas ante cualquier parte del cuerpo de Cristo. Mucho más sorprendente es la forma en que, después de haber sido descubiertos públicamente y recibir algunas palmadas en las manos, son muy pronto capaces de reasumir sus ministerios y proseguir con ellos como si nada hubiese sucedido, contando en apariencia con el mismo respaldo que tenían antes. Aducir que los cristianos creen en el perdón de pecados y la restauración de los pecadores no tiene que ver en esto. Lo que estoy diciendo es que la rapidez de su restauración demuestra que los valoramos más por sus dones probados que por su probada santidad, puesto que en nuestras mentes no tiene mucha importancia el pensamiento de que sólo gente santa puede ser espiritualmente útil.

Evangelización

¿Cómo le presentamos el Evangelio nosotros los cristianos a otros al evangelizar, y cómo lo consideramos nosotros como creyentes nacidos de nuevo, que estamos llamados a vivir por él? No creo que pueda discutirse que mientras hacemos mucho hincapié en la fe (venir a Cristo, creer en Sus promesas, creer que Dios sabe lo que está haciendo con nuestras vidas, y esperando el cielo), apenas mencionamos el arrepentimiento (vinculando la conciencia de uno con la ley moral de Dios, confesando y desechando nuestros pecados, enmendando lo mal hecho en el pasado, doliéndonos ante Dios del deshonor que nuestros pecados le han traído a Él, y planeando llevar una vida santa).

La cultura occidental postcristiana duda que haya algún absoluto moral. Está segura de que, en cualquier caso, la moralidad o inmoralidad privada no le importa más que a la persona implicada directamente. Los cristianos occidentales actúan como si estuvieran de acuerdo, sobre todo en lo que concierne al sexo y al dinero (frase apropiada de H. Hensley Henson).

Algunos cristianos incluso discuten que hablar de arrepentimiento como de algo necesario en vez de una mera opción beneficiosa, y afirmar que el llamado del Evangelio a la fe es también un llamado al arrepentimiento, es caer en un legalismo anticristiano. Estoy seguro de que habrás oído muchos, muchísimos sermones acerca de la fe. Me pregunto ¿cuán a menudo habrás escuchado una sucesión o incluso un solo sermón acerca del arrepentimiento? Tienes libros en tu hogar que dicen cómo vivir la vida cristiana victoriosa. ¿Mencionan ellos el arrepentimiento, o dicen que es vital para una larga vida disciplinada?

Cuando le expones el evangelio a otros, ¿haces hincapié en que el arrepentimiento y la santidad por la cual se expresa ese arrepentimiento son una necesidad espiritual? ¿Adivino?

Pero si tratamos con ligereza o ignoramos la importancia de la santidad estamos absoluta y completamente equivocados.

De hecho, se nos ordena la santidad. Esa es la voluntad de Dios, Cristo la requiere y toda la Escritura la reclama: la Ley, los Evangelios, los profetas, los escritos de sabiduría, las Epístolas; los libros históricos nos cuentan de juicios pasados y el Libro de Apocalipsis nos habla de juicios futuros.

En realidad, la santidad es el objetivo de nuestra redención. Como Cristo murió para que pudiéramos ser justificados, así somos justificados a fin de que podamos ser santificados y hechos santos. La santidad es el objetivo de nuestra nueva creación. Nacemos de nuevo para que podamos crecer en nuestra semejanza a Cristo.

La santidad empequeñece con efectividad a Satanás en sus planes en nuestras vidas. Por contraste, la despreocupación por la santidad y el fracaso en practicar la pureza y justicia a que somos llamados, nos pone en sus manos siempre.

La justicia, que significa la integridad y rectitud santas, es la coraza de la armadura de Dios que los cristianos deben usar a fin de contrarrestar los ataques del maligno (Efesios 6:14).

La santidad tambíen da credibilidad al testimonio. Pero aquellos que proclaman a un Salvador que cambia la vida, no impresionarán a otros si sus propias vida parecen no ser distintas de la de cualquiera. La conducta santa destacará nuestro testimonio, mientras que la conducta mundana lo minará. "Vosotros sois la luz del mundo (...) Así brille vuestra luz delante de los hombres, para que vean vuestras buenas acciones [buenas obras respaldando las buenas palabras] y glorifiquen a vuestro Padre que está en los cielos [del cual les hablaste, cuyo poder ellos pueden apreciar en tu modo de vivir]" (Mateo 5:14,16).

Si queremos dar fruto en la evangelización, tenemos que cultivar la santidad en nuestra vida.

Por último, la santidad es la sustancia de la cual brota la felicidad. Los que persiguen la felicidad, no pueden alcanzarla; en tanto que quienes persiguen la santidad mediante la gracia de Cristo, reciben la felicidad sin pedirla. "Me deleitaré en tus mandamientos, los cuales amo (...) porque son el gozo de mi corazón (Salmo 119:47, 111).

Después de todo esto, ¿puede alguien dudar que para todo cristiano sin excepción, la santidad es importante?

Preguntas para el estudio

1. La santidad personal, ¿es una actitud, una forma de actuar, o ambas? Explíquelo.

2. ¿Por qué se enseña tan poco hoy en día el tema de la santidad? Esta falta de instrucción ¿tiene algún efecto en su vida? ¿Cómo?

3. ¿Cree que la santidad sea una preocupación primordial en su iglesia? ¿Qué puede hacer para ayudar a su iglesia a poner más énfasis en la santidad práctica?

De *Rediscovering Holiness*, por J. I. Packer, Copyright © 1992. Publicado por Servant Publications, Box 8617, Ann Arbor, Michigan, 48107. Usado con permiso.

CAPÍTULO TRES

PERMANECER EN CRISTO: LA FUENTE DE LA SANTIDAD

POR NEIL ANDERSON Y ROBERT SAUCY

Permaneced en mí, y yo en vosotros. Como el sarmiento no puede dar fruto por sí mismo si no permanece en la vid, así tampoco vosotros si no permanecéis en mí. yo soy la vid, vosotros los sarmientos; el que permanece en mí, y yo en él, ése da mucho fruto, porque separados de mí, nada podéis hacer.

Juan 15:4-5

Hace varios años, mientras le hablaba a grupos de cristianos adultos en iglesias evangélicas, yo (Neil) dije esta frase: "La madurez cristiana es comprender los principios de la Biblia y tratar de vivirlos lo mejor que uno puede". Entonces pregunté cuántos estaban de acuerdo con esa afirmación. Casi todos estuvieron.

Entonces añadí ¡que yo estaba en desacuerdo con casi todos los aspectos de esa afirmación! Es cierto que comprender los principios de la Escritura es esencial para la madurez cristiana, pero eso de por sí no es madurez cristiana.

La madurez cristiana es tener un carácter como el de Cristo. Si conoces todos los principios pero no tienes el carácter, eres sólo "como metal que resuena o címbalo que retiñe" que no tiene amor (1 Corintios 13:1). Además, tratar con toda tu alma de vivir la vida cristiana probablemente no dé fruto, porque separados de Cristo nada puedes hacer. Sólo por la gracia de Dios puedes vivir la vida cristiana.

La santificación progresiva es una obra sobrenatural. Está claro entonces que la victoria sobre el pecado y la muerte mediante la crucifixión y resurrección de Cristo, fue una victoria de Dios y no nuestra. Sólo Dios puede redimirnos del poder del pecado, liberarnos de nuestro pasado, y hacernos nuevas criaturas "en Cristo". Aun cuando nos hayamos convertido en participantes de la naturaleza divina —debido a la presencia de Cristo en nuestras vidas— necesitaremos aún depender de que Dios nos supla con el poder de conformarnos a Su imagen.

Convertirse en cristiano no significa que tengamos más poder de o en nosotros mismos. Quiere decir que estamos internamente conectados a la única fuente de poder que es capaz de vencer las leyes del pecado y de la muerte, que es la ley del Espíritu de vida en Cristo Jesús (Romanos 8:2).

Somos tentados a entender mal esta verdad o quizás a olvidarla inconscientemente, en nuestro intento de crecer como creyentes, lo que pone de manifiesto la cortante pregunta que Pablo les hace a los gálatas: "¿Tan insensatos sois? Habiendo comenzado por el Espíritu, ¿váis a terminar ahora por la carne?" (Gálatas 3:3).

Permanecer en Cristo

El progreso en la vida cristiana se alcanza mediante el vivir en unión con Cristo a través de la fe. Esta idea se expresa en múltiples formas:

Colosenses 2:6-7 "Por tanto, de la manera que recibisteis a Cristo Jesús el Señor, así andad en Él, firmemente arraigados y edificados en Él y confirmados en vuestra fe, tal como fuisteis instruidos."

Gálatas 2:20 "Y ya no soy yo el que vive, sino que Cristo vive en mí; y la vida que ahora vivo en la carne, la vivo por fe en el Hijo de Dios."

Efesios 6:10 "Fortaleceos en el Señor y en el poder de Su fuerza."

Colosenses 2:19 Crecemos "asiéndonos a la Cabeza" quien es Cristo.

Romanos 13:14 "Vestíos del Señor Jesucristo, y no penséis en proveer para las lujurias de la carne."

Colosenses 3:17 "Y todo lo que hacéis, de palabra o de hecho, hacedlo todo en el nombre del Señor Jesús." (Ver 1 Pedro 3:16 — nuestra conducta ha de ser en Cristo.)

Estos versículos dejan claro que nuestra vida, fuerza y todas nuestras actividades como creyentes, han de estar relacionadas con Cristo. Han de fluir de nuestro ser unidas con Él. Esta verdad no puede quedar más clara que en la afirmación de Jesús acerca de la necesidad de permanecer en Él: "Permaneced en mí y yo en vosotros. Como el sarmiento no puede dar fruto por sí mismo si no permanece en la vid, así tampoco vosotros si no permanecéis en mí (...) porque separados de mí nada podéis hacer" (Juan 15:4-5).

La palabra griega traducida "permanecer" también significa "quedarse" o "continuar". Pero en el Evangelio de Juan, en el contexto de una relación con Cristo, denota más que una relación estática. La afirmación de Pablo acerca de estar "en Cristo" y de tener a "Cristo en nosotros" son extendidas hasta el concepto de "permanecer en" de Juan, el cual expresa una íntima unión dinámica con esa persona.

Lo que significa en nuestra relación con Cristo este concepto que todo lo abarca, puede verse en la relación entre el Padre y el Hijo. Incluso tal como permanecemos en Cristo y Él en nosotros, así el Hijo y el Padre permanecen mutuamente. El resultado de que Cristo permanezca en Su Padre es que todo lo que Él dice y hace manifiesta el carácter del Padre.

Tenemos con Jesús la misma clase de relación que Él tiene con el Padre. Permanecemos en Cristo y Él permanece en nosotros. A través de esa mutua permanencia, Cristo nos transmite Su vida, para que nuestras vidas muestren Su carácter en tanto nosotros confiamos en Él y le obedecemos.

La práctica de permanecer en Cristo

La Escritura revela que el permanecer en Cristo implica dos prácticas básicas: Primera, significa que tenemos que nutrirnos mediante la fe en todo lo que Jesús es para nosotros: y segunda, quiere decir que lo seguimos en obediencia a Sus órdenes. En un sentido muy real, regresamos a los conceptos simples de confiar y obedecer.

Recibir a Cristo por fe

Permanecer en Cristo significa primero recibir Su vida y obra salvadora en nuestra propia vida mediante la fe. En una vívida declaración que describe la apropiación y la asimilación, Jesús dijo: "El que come Mi carne y bebe Mi sangre, permanece en Mí y Yo en él (Juan 6:56). Jesús no está hablando de comer y beber literalmente, sino que como queda claro de una afirmación anterior, está hablando de recibirlo a Él y Su obra mediante la fe. En este contexto, comer es sinónimo de creer: "Yo soy el pan de vida; el que viene a Mí no tendrá hambre, y el que cree en Mí nunca tendrá sed" (Juan 6:35). En la vida espiritual, el hambre y la sed se satisfacen llegando a Cristo o creyendo en Él.

Permanecer en Cristo, por lo tanto, significa primero recibir por fe todo lo que Cristo es para nosotros. En Él estamos relacionados correctamente con Dios como Sus hijos amados. Estamos vivos con Su eterna vida victoriosa. Somos, en palabras de Pablo: "bendecidos con toda bendición espiritual en los lugares celestiales en Cristo" (Efesios 1:3).

Obedecer los mandamientos de Dios

Cuando Jesús dijo que Él permanecía en Su Padre, se refería a que Él vivía en total obediencia al Padre. Del mismo modo, que nosotros permanezcamos en Cristo quiere decir que vivamos en obediencia a los mandamientos de nuestro Señor. Este segundo aspecto de permenecer en Cristo lo sugirió el mismo Jesús cuando dijo que Sus palabras habían de permanecer en nosotros (Juan 15:7). Para eso es preciso que moren en nuestra mente y nuestro corazón, y así dirigirán naturalmente nuestros actos en una vida de conformidad con Cristo. En la ilustración de la viña y las ramas (Juan 15:1-8), esto se representa por el fruto que inevitablemente produce una persona que permanece en la viña.

Cristo deja claro que la obediencia es un aspecto de permanecer en Él cuando dice: "Si guardáis Mis mandamientos, permaneceréis en Mi amor, así como Yo he guardado los mandamientos de Mi Padre, y permanezco en Su amor". Guardar los mandamientos de Jesús incluye andar en Sus patrones de vida. Esto significa mostrar la misma clase de amor que Él mostró. Jesús dijo: "Un mandamiento nuevo os doy: que os améis los unos a los otros; que como yo os he amado, así también os améis los unos a los otros" (Juan 13:34).

Hemos de observar el ejemplo de Jesús como un patrón para nuestras propias vidas: "Un discípulo no está por encima de su maestro" (Lucas 6:40). Primera de Juan 2:6 añade: "El que dice que permanece en Él, debe andar como Él anduvo".

Vivir en unión con Cristo, que es esencial para crecer en santidad, implica tanto nuestro constante recibir de la vida sobrenatural de la viña, como de la determinación de seguir a Cristo en nuestro andar diario. La ilustración de Jesús de la viña y los sarmientos lo deja absolutamente claro. Al leer este pasaje acerca de dar fruto, percibimos detrás —y nos concentramos en— un imperativo de dar fruto. En otros lugares de la Escritura vemos este fruto descrito en términos de nuestra moral y conducta ética.

Pero antes de que podamos dar fruto, Jesús primero nos dice: "permaneced en Mí (...) permaneced en Mi amor" (Juan 15:4,9). Tal como un sarmiento da fruto permaneciendo en la viña, así somos capaces de vivir los mandamientos de la Escritura, alimentándonos de la vida de Cristo. Como lo explica un erudito, la lealtad demandada al permanecer en Cristo "no es primordialmente un vivir continuo para algo, sino un ser de algo; no es retener una posición, sino permitir ser retenido uno mismo". La relación es recíproca, pero la acción de la rama es totalmente dependiente de la vida proveniente de la vid.

La prioridad de permanecer en Cristo

En el mandamiento de Jesús de amarnos unos a otros (Juan 15:12,17) se ve que primero tenemos que nutrirnos de Cristo antes de ser capaces de obedecerlo. Pues no podemos mostrar este amor a menos que hayamos permanecido en Su amor (v. 9) o que continuemos en el amor que hemos recibido: "Nosotros amamos porque Él nos amó primero" (1 Juan 4:19). Es inútil intentar amar a otros a no ser que primero nos hayamos nutrido a diario, recibiendo el fresco amor de Dios por nosotros. Sólo mientras recibamos el amor de Dios por nosotros y respondamos a ese amor, podremos cumplir Sus mandamientos. Nuestra obediencia es posible únicamente como resultado del amor que sintamos por Cristo: "Si me amáis, guardaréis mis mandamientos" (Juan 14:15, ver también v. 21).

Conformarse a la imagen de Dios es un proceso largo y continuo de cambio interno en tanto permanecemos en Cristo. La gente simplemente no cambia en una noche, ni pueden ser forzados a hacerlo. Permanecer en Él, es ser uncido con el amable Jesús (Mateo 11:29). Los siervos de Cristo que les ministran a otros, saben eso y, como Jesús, muestran gran paciencia y gentileza.

Preguntas para el estudio

1. La parte más importante de tu estrategia para conseguir la victoria sobre la tentación, es convertirte en un seguidor de Jesús. Si todavía no lo has hecho, tómate un momento ahora mismo para confesarle tus pecados a Cristo, pedirle Su perdón y entregarle toda tu vida a Él. El costo de ser un seguidor de Jesucristo es tu vida, pero las recompensas son eternas.

2. Si eres un seguidor de Cristo, el siguiente paso es permanecer en Él. Eso significa obedecer Sus mandamientos. Tómate un momento para enumerar algunos de Sus mandamientos que te vengan a la mente de inmediato.

3. ¿Sabes cuál es el más importante mandamiento de Cristo? ¿Y el segundo más grande?

Tomado de *The Common Made Holy*, por Neil Anderson y Robert Saucy. Copyright C 1997 de Harvest House Publishers, Eugene, OR.
"Lo común hecho santo" publicado por Editorial Unilit, versión en español.

CAPÍTULO CUATRO

LA SANTIDAD ES PARA TI

POR JERRY BRIDGES

Porque el pecado no tendrá dominio sobre vosotros, pues no estáis bajo la ley, sino bajo la gracia.

Romanos 6:14

El agudo timbrazo del teléfono hizo astillas la tranquilidad de la hermosa mañana de Colorado. En el otro extremo estaba uno de esos individuos sumamente imposibles que Dios parece haber esparcido por la tierra para probar la gracia y la paciencia de Sus hijos.

Aquella mañana estaba en plena forma: arrogante, impaciente, exigente. Colgué el teléfono ardiendo por dentro de cólera, resentimiento y, quizás, hasta de odio. Echando mano de mi chaqueta, salí al aire frío para tratar de recuperar mi compostura. La paz de mi alma, tan cuidadosamente cultivada en mi "tiempo de quietud" con Dios esa mañana, había sido desgarrada y reemplazada con un humeante volcán emocional.

Mientras me calmaba, mi cólera se convirtió en un agudo descorazonamiento. Eran nada más que las 8:30 de la mañana y mi día estaba arruinado. No me sentía únicamente descorazonado; estaba confundido. Sólo dos horas antes había leído la declaración enfática de Pablo: "Porque el pecado no tendrá dominio sobre vosotros, pues no estáis bajo la ley, sino bajo la gracia". Mas a pesar de esta promesa de victoria sobre el pecado que sonaba tan bien, ahí estaba yo, atrapado en el círculo vicioso de la cólera y el resentimiento.

"¿Tiene de veras la Biblia alguna respuesta para la vida real?" me preguntaba esa mañana. Deseaba con todo mi corazón vivir una vida obediente y santa; pero una simple llamada telefónica me había propinado una derrota humillante.

Quizás este incidente te suene familiar. Las circunstancias probablemente varíen, pero tu reacción fue similar. Tal vez tu problema sea que pierdes los estribos con tus hijos, o tienes un arrebato de ira en el trabajo, o un hábito inmoral que no puedes vencer, o quizás varios "hábitos pecaminosos" que te derrotan día tras día.

Hay respuestas

Cualquiera que sea tu problema (o problemas) particular de pecado, la Biblia sí tiene la respuesta para ti. Hay esperanza. Tú y yo podemos andar en obediencia a la Palabra de Dios y vivir una vida de santidad. De hecho, Dios espera que todo cristiano viva una vida santa. Pero la santidad no sólo se espera: es el derecho de nacimiento prometido a cada cristiano. La afirmación de Pablo es verdad. El pecado no será nuestro señor.

El concepto de santidad puede parecer un poquito arcaico para nuestra actual generación. Para algunas mentes, la misma palabra *santidad* trae imágenes de cabello recogido en un moño, faldas largas y medias negras. Para otros, la idea está asociada con una repugnante actitud de más-santo-que-nadie. No obstante, la santidad es mucho más una idea bíblica. El término *santo* en varias formas aparece más de 600 veces en la Biblia. Un libro entero, Levítico, está dedicado a ese tema, y la idea de la santidad está entretejida por dondequiera a lo largo de la trama de la Escritura. Más importante todavía: Dios nos manda específicamente a ser santos (ver Levítico 11:44).

Los mitos de la santidad

La idea de cómo exactamente ser santos se ha perjudicado por causa de muchos falsos conceptos. En algunos círculos, la santidad se equipara con una sucesión de prohibiciones; por lo regular en campos como fumar, beber y bailar. La lista de prohibiciones varía dependiendo del grupo. Cuando tenemos este enfoque de la santidad, estamos en peligro de volvernos como los fariseos, con sus listas interminables de obligaciones y prohibiciones triviales, y su actitud de santurronería. Para otros, la santidad significa ciertos modales y un particular estilo de vestir. E incluso hay otros para quienes quiere decir una perfección inalcanzable; una idea que fomenta falsos conceptos o desaliento por los propios pecados.

Todas estas ideas, aunque hasta cierto punto exactas, pierden de vista el verdadero concepto. Ser santo es ser moralmente inocente. Es estar apartado del pecado y, por lo tanto, consagrado a Dios. La palabra significa "separado para Dios, y la conducta digna de los así separados".

Tal vez el mejor modo de comprender el concepto de santidad es observar cómo los escritores del Nuevo Testamento empleaban la palabra. En 1 Tesalonisenses 4:3-7, Pablo empleó el término en contraste con una vida de inmoralidad e impureza. Pedro lo usó como opuesto a vivir de acuerdo con los deseos malignos que sentíamos cuando vivíamos sin Cristo (1 Pedro 1:14-16). Juan comparó a uno que es santo con quienes hacen el mal y son viles (Apocalipsis 22:11). Entonces, vivir una vida santa es vivir una vida conforme con los preceptos morales de la Biblia y opuesta a los hábitos pecaminosos del mundo. Es vivir una vida caracterizada por estar "[despojados] del viejo hombre, que se corrompe según los deseos engañosos (...) [y vestidos] del nuevo hombre, el cual en la semejanza de Dios, ha sido creado en la justicia y santidad de la verdad" (Efesios 4:22,24).

¿Adónde ha ido?

Entonces, si la santidad es tan fundamental para la vida cristiana, ¿por qué no la vemos más en la vida diaria? ¿Por qué tantos cristianos se sienten constantemente derrotados en su lucha contra el pecado?

¿Por qué la iglesia de Jesucristo tan a menudo parece estar más conformada al mundo que nos rodea que a Dios?

A riesgo de pecar de simplistas, las respuestas a estas preguntas pueden agruparse en tres zonas de problemas básicos.

Nuestro primer problema es que nuestra actitud hacia el pecado está más centrada en nosotros que en Dios. Estamos más preocupados por nuestra propia "victoria" sobre el pecado que por el hecho de que nuestros pecados contristan el corazón de Dios. No podemos tolerar un fracaso en nuestra batalla contra el pecado principalmente porque estamos orientados hacia el éxito, no porque sepamos que eso ofende a Dios.

W.S. Plummer dijo: "Nunca vemos el pecado como es debido hasta que lo miramos como algo que hacemos contra Dios (...) Todo pecado es contra Dios en este sentido: que es Su ley la que se quebranta, Su autoridad la que se desprecia, Su soberanía la que queda reducida a nada (...) El Faraón y Balaam, Saúl y Judas, todos dijeron: 'He pecado contra el cielo y contra Ti' y David dijo: 'Contra Ti, contra Ti solo he pecado'."

Dios quiere que andemos en obediencia, no en victoria. La obediencia está orientada hacia Dios; la victoria está orientada hacia uno mismo. Puede que esto parezca ser sólo pararse en pelillos por la semántica, pero hay una actitud sutilmente egoísta en la raíz de muchas dificultades con el pecado. Hasta que enfrentemos esa actitud y lidiemos con ella, no andaremos de forma consecuente en santidad.

Esto no significa que Dios no quiera que experimentemos la victoria, sino más bien hace hincapié en que la victoria es un subproducto de la obediencia. Mientras nos concentramos en vivir una vida santa y obediente, experimentaremos con certeza el gozo de la victoria sobre el pecado.

¿Fe o carne?

Nuestro segundo problema es que hemos interpretado mal "vivir por fe" (Gálatas 2:20) como si quisiera decir que no necesitamos esforzarnos por conseguir la santidad. De hecho, algunas veces incluso hemos sugerido que cualquier esfuerzo de nuestra parte es "en la carne".

En este punto son muy instructivas las palabras de J.C. Ryle, obispo de Liverpool desde 1880 hasta 1900:

> ¿Es sabio proclamar de un modo tan descarnado e inapropiado como muchos lo hacen, que la santidad de los convertidos es por fe solamente, y no en absoluto por esfuerzo propio? ¿Eso concuerda con la armonía de la Palabra de

Dios? Lo dudo. La fe en Cristo es la raíz de toda santidad (...) ningún cristiano bien instruido pensaría jamás en negarlo. Pero con seguridad la Escritura nos enseña que al buscar la santidad el verdadero cristiano necesita obrar y esforzarse personalmente, así como tener fe.

Tenemos que enfrentar el hecho de que nos cabe una responsabilidad personal por nuestro andar en santidad. Un domingo nuestro pastor en su sermón dijo algo así: "Usted puede echar a un lado ese hábito que lo ha dominado si de veras desea hacerlo". Como él se estaba refiriendo a un hábito en particular que no me causaba problemas a mí, mentalmente estuve de acuerdo con él. Pero entonces el Espíritu Santo me dijo: "Y tú puedes apartar los hábitos pecaminosos que te persiguen, si aceptaras tu responsabilidad personal en ellos". El reconocer que yo sí tenía esta responsabilidad se convirtió en un hito en el camino hacia mi propia prosecución de la santidad.

La originalidad del pecado

Nuestro tercer problema es que no tomamos en serio algunos pecados. Mentalmente hemos clasificado el pecado en lo que es inaceptable y lo que puede ser tolerado un poquito. Un incidente ocurrido al tiempo que este libro se estaba terminando ilustra este problema. Nuestra oficina estaba usando una casa móvil como oficina temporal, en tanto se terminaba una nueva instalación que demoraba. Debido a que nuestra propiedad no está en una zona para casas móviles, nos requirieron que obtuviéramos un permiso especial para ocupar el "trailer". El permiso tuvo que ser renovado varias veces. La última renovación del permiso expiraba justo cuando las nuevas instalciones se terminaron, pero antes de que tuviéramos tiempo de mudarnos de un modo organizado. Esto precipitó una crisis para el departamento que ocupaba el "trailer".

En una reunión donde se habló de este problema, se preguntó: "¿Qué diferencia hay si no mudamos ese departamento por unos pocos días?" Bueno, ¿qué diferencia habrá?

VICTORIA SOBRE LA TENTACIÓN

Después de todo, el "trailer" estaba metido detrás de unas colinas donde nadie lo vería. Y legalmente no teníamos que mover el "trailer", sólo vaciarlo. Así que, ¿qué diferencia habría si nos pasábamos unos pocos días en nuestro permiso? ¿No es un legalismo quisquilloso la insistencia en obedecer la letra de la ley?

Pero la Escritura dice que son "las zorras pequeñas [las] que arruinan las viñas" (Cantar de los Cantares 2:15). Es transar en los pequeños asuntos lo que conduce a las grandes caídas. Y ¿quién puede decir que una pequeña violación de la ley civil no es un pecado serio a la vista de Dios?

¿Cuál es la norma?

Al comentar algunos de los más pequeños mandamientos sobre los alimentos del Antiguo Testamento que Dios le dio a sus hijos de Israel, Andrew Bonar dijo: "No se trata de la importancia de la cosa, sino de la majestad de Quien da la ley, lo que debe ser la norma de obediencia..." Ciertamente que algunos pudieran considerar semejantes reglas minuciosas y arbitrarias como superfluas. Pero el principio implicado en la obediencia o la desobediencia no es otro que el mismo principio que fue juzgado en el Edén al pie del árbol prohibido. En realidad es esto: ¿Hay que obedecer al Señor en todas las cosas, cualesquiera que sean Sus mandamientos? ¿Es Él un santo Dador de la Ley? ¿Están comprometidas Sus criaturas a aprobar implícitamente Su voluntad?

¿Estamos dispuestos a llamarle "pecado" al pecado, no porque sea grande o pequeño, sino porque la ley de Dios lo prohíbe? No podemos categorizar el pecado si hemos de vivir una vida de santidad. Dios no nos permitirá salirnos con la nuestra en esa clase de actitud.

Preguntas para el estudio

1. Tómate el tiempo de grabar estos asuntos en tu corazón ahora mismo. ¿Empezarás a mirar al pecado como una ofensa contra un Dios santo, en lugar de sólo como una derrota personal?

2. ¿Comenzarás a aceptar la responsabilidad personal que te cabe por tu pecado, comprendiendo que cuando lo cometes, tienes que depender de la gracia de Dios?

3. ¿Y decidirás obedecer a Dios en todos los aspectos de la vida, sin que te importe cuán insignificante pueda ser el asunto? Enumera algunos aspectos en los cuales no has sido obediente. ¿Cómo puedes aceptar tu responsabilidad por estos aspectos?

Tomado de *The Pursuit of Holiness*, por Jerry Bridges. © 1978, 1996 por Jerry Bridges. Usado con permiso de NavPress. Par ordenar llamar 1-800-366-7788.

CAPÍTULO CINCO

LA OCUPACIÓN DIARIA DE LA SANTIDAD

POR CHUCK COLSON

Cuando aparece la santidad en ti, proveniente de la vida que está en lo profundo de ti, entonces esa santidad es real, perdurable y la genuina esencia del Señor.

MADAME JEANNE MARIE DE LA MOTHE GUYON

Cuando pensamos en santidad, nos vienen a la mente los grandes santos del pasado, como Francisco de Asís o George Müller; o gigantes de la fe contemporáneos, como la Madre Teresa. Pero la santidad no está reservada exclusivamente para un cuerpo élite de mártires, místicos y ganadores de los premios Nobel. La santidad es la ocupación diaria de cada cristiano. Se hace evidente en las decisiones que tomamos y las cosas que hacemos, hora por hora, día por día.

Un ejemplo

Cuando ella llega al portón de la prisión cada día, entre semana, al mediodía, los guardias le mandan a entrar. Los funcionarios de la prisión se detienen a preguntarle cómo andan sus hijos o su trabajo en la oficina. Después de todo, Joyce Page es de la familia; ha estado pasando su hora del almuerzo en la Institución Correccional del Condado de San Luis cada día de la semana desde 1979.

Joyce empezó a acudir a la prisión con su supervisor, también un cristiano preocupado por los prisioneros. Cuando el supervisor fue transferido, Joyce continuó por sí misma, saliendo de su oficina sola con un sandwich de mantequilla de maní, mientras otras secretarias se apresuraban a salir en grupos hacia la cafetería.

Cada día Joyce se encuentra con un grupo diferente de reclusos, desde los hombres que están en aislamiento y máxima seguridad, hasta un pequeño grupo de mujeres presas. "Lo que hacemos depende de ellos —dice—. Algunas veces tenemos un servicio de alabanza, o un tiempo para testificar y cantar, o un profundo estudio de la Biblia y comentarios. Depende de sus necesidades".

Cuando regresa a su escritorio a la una en punto, una de sus compañeras de trabajo por lo regular ya está quejándose de sus excesos al almorzar y proclamando en voz alta que de veras se comerá un plato de comida de dieta al día siguiente. Joyce se ríe para sí. Ella sabe exactamente lo que comerá mañana: otro sandwich de mantequilla de maní en su auto, en camino hacia la prisión.

Para muchos, el reunirse con reclusos cada día, en medio de un plan de trabajo agitado, sería una tarea inconcebible. Joyce lo ve diferente en su manera de ser simple y práctica. "Para mí es una verdadera respuesta a la oración —dice—. ¿Comprende? no tengo tiempo de ir *después* de trabajar: tengo seis hijos que estoy criando sola".

La santidad es obedecer a Dios; compartir Su amor, incluso cuando es inconveniente.

Héroe vs. santo

El heroísmo es una proeza extraordinaria de la carne; la santidad es un acto común del espíritu. El uno puede traer gloria personal; el otro *siempre* le da la gloria a Dios.

Esta ilustración de la vida de Joyce puede ser útil como ejemplo práctico, pero la norma segura para la santidad está en la Escritura. Ahí Dios deja claro lo que para Él significa vivir santamente o, como lo llaman los teólogos, el proceso de santificación.

Los Diez Mandamientos, de los cuales se derivan todos los demás, son el principio; se aplican hoy tanto como cuando

La ocupación diaria de la santidad

Dios los grabó en las tablas de piedra para Moisés. Después, la vida de Jesús proporciona santidad en la carne. En Su perseverante autonegación, Su incondicional obediencia ilimitada a la voluntad del Padre, y la plenitud del Espíritu Santo en Su vida diaria, Jesús sigue siendo nuestro ejemplo.

Por eso, la búsqueda de la santidad debe comenzar por una investigación de las Escrituras. Después podemos empezar a aplicar lo que hemos encontrado, buscando Su voluntad para nuestras vidas. Como dijo el teólogo escocés del siglo diecinueve John Brown: "La santidad no consiste en especulaciones místicas, fervores entusiastas o austeridades no ordenadas; consiste en pensar como *Dios* piensa, y querer lo que *Dios* quiere".

Ese pensar y querer es un proceso que requiere disciplina y perseverancia, y es un esfuerzo conjunto: de Dios y de nosotros. Por un lado, el Espíritu Santo da convicción de pecado y santifica. Pero eso no quiere decir que podemos recostarnos, relajarnos y dejar que Dios conduzca. Dios espera —exige— que hagamos nuestra parte. Como dijo la Madre Teresa: "Nuestro progreso en la santidad depende de Dios y de nosotros: de la gracia de Dios y de nuestra voluntad de ser santos".

Aclarando las aguas

Cuando se comprende esta responsabilidad compartida, queda claro lo que de otro modo ha sido uno de los aspectos más problemáticos para muchos cristianos, y que se encuentra en la epístola de Pablo a la iglesia de Roma, donde primero él dice que somos muertos al pecado, y en el versículo siguiente nos exhorta a no permitir que el pecado reine en nuestros cuerpos mortales.

¿Por qué tendríamos que volver la espalda a un pecado que ya está muerto? La respuesta a esta aparente contradicción recalca la responsabilidad compartida para la santificación. Estamos muertos al pecado porque Cristo murió al pecado por nosotros. Él consolidó la victoria final. Pero como nosotros vivimos día por día, el pecado todavía sigue siendo una constante realidad. Aunque Dios nos da la voluntad de ser santos, la lucha diaria requiere el continuo esfuerzo de nuestra parte.

El vivir santamente exige un constante examen de nuestros actos y motivos. Pero al hacerlo, tenemos que estar en guardia contra la tendencia a concentrarnos totalmente en nosotros, que es lo más fácil de hacer —sobre todo cuando los valores egocéntricos de la cultura invaden la iglesia. De hecho, este carácter autocomplaciente de nuestros tiempos es la primera razón por la que hoy los líderes de enseñanza cristiana, escritores y predicadores, han descuidado tanto el tema de la verdadera santidad. Lo hemos sustituido, quizás inconscientemente, por un mensaje secularizado y egocéntrico. Porque cuando hablamos de "victoria" en la vida cristiana, demasiado a menudo todos queremos decir victoria personal: cómo Dios vencerá al pecado por nosotros (al menos a esos pecados de los que quisiéramos deshacernos, como esas diez libras de sobrepeso, ese molesto hábito, o quizás un genio vivo). Esto refleja no sólo el egocentrismo, sino un punto de vista incorrecto del pecado.

Traición cósmica

El pecado no es simplemente el mal que le hacemos a nuestro vecino cuando lo engañamos, o el mal que nos hacemos a nosotros mismos cuando abusamos de nuestro cuerpo. El pecado —todo pecado— es una raíz de rebelión y ofensa contra Dios, lo que R.C. Sproul llama "traición cósmica".

Tenemos que comprender que nuestra meta como creyentes es buscar lo que podamos hacer para complacer a Dios, no lo que Él pueda hacer por nosotros. Las victorias personales pueden venir, pero son un resultado, no el objetivo. La verdadera madurez cristiana —santidad, santificación— está centrada en Dios. La llamada "vida cristiana victoriosa" es egocéntrica. Jerry Bridges lo describe así:

Es hora de que los cristianos enfrentemos nuestras responsabilidades por la santidad. Con demasiada frecuencia decimos que estamos "derrotados" por este o aquel pecado. No, no estamos derrotados; somos sencillamente desobedientes. Estaría bien que dejáramos de usar el término "victoria" y "derrota" para describir nuestro progreso en la santidad. Más bien debería usarse el término "obediencia" y "desobediencia".

Así que le hemos dado la vuelta al ciclo; hemos regresado al punto de partida. La vida cristiana comienza con obediencia, depende de la obediencia, y da por resultado la obediencia. No podemos evadirlo.

Todo se trata de obediencia

Hace poco una joven en una iglesia suburbana de Washington demostró esta verdad.

Nadie se sorprendió cuando Patti Awan se puso de pie durante el tiempo de alabanza informal en el servicio del domingo por la tarde. Una joven maestra de escuela dominical con un aire de tranquila madurez, hacía pocos meses había dado a luz a un saludable niño, primer hijo para ella y su esposo, Javy. La congregación se acomodó para escuchar un informe del progreso del bebé y el agradecimiento de sus padres. Lo que siguió los tomó a todos por sorpresa.

Agarrándose del podium que estaba ante ella, Patti comenzó: "Esta semana hace cuatro años que una joven se sentó llorando en el suelo de un apartamento de Nueva Jersey, desesperada por la noticia de un resultado de laboratorio: soltera y sola, acababa de enterarse de que estaba embarazada".

La congregación hizo un silencio total; la voz entrecortada por los sollozos de Patti indicaba bien quién había sido aquella joven.

"En aquel tiempo me consideraba cristiana —prosiguió—. Pero había conocido a Cristo mientras usaba drogas. Después que lo conocí, supe que deseaba entregarme a Él, pero no podía abandonar mis viejos amigos ni mis antiguos hábitos. Así que flotaba entre dos mundos: en uno todavía fumaba drogas cada día y me acostaba con el hombre que vivía en el apartamento debajo del mío; en el otro, iba a la iglesia, testificaba a otros y trabajaba con el grupo juvenil de la iglesia.

"Pero el embarazo desgarró la hipocresía de mi doble vida. Yo había querido 'arreglarme con Dios', pero seguía resbalando hacia atrás. Ahora no podría vivir una vida cristiana agradable y limpia como toda aquella gente de la iglesia.

"Sentí que la única respuesta era borrar el pizarrón. Me haría un aborto; nadie en la iglesia lo sabría nunca.

"La clínica fijó una fecha para el aborto. Yo estaba aterrada, pero mi amante era muy firme. Mi hermana estaba furiosa conmigo por ser tan estúpida de quedar embarazada. Finalmente, desesperada, le escribí a mis padres. Ellos eran católicos firmes y sabía que me respaldarían si yo decidía tener al bebé. Mi madre me llamó y me dijo: 'Si no te haces un aborto, no quiero verte durante el embarazo. Tu vida quedará arruinada y te lo mereces'.

"Yo siempre había dependido de otras personas, pero sabía que esa era una decisión que tenía que tomar yo sola. Una noche estaba mirando hacia fuera por la ventana de mi dormitorio cuando pensé con claridad por primera vez en semanas. Comprendí que o iba a creer en este cristianismo o no iba a creer. Y si yo creía en Cristo, no podía hacer aquello. *Dios es real,* —pensé—, *aunque yo nunca haya vivido como si lo fuera.*

"Esta decisión marcó un hito de donde no podía volverme atrás. Puse mi fe en el Dios de la Biblia, no en el Dios que yo me había hecho en mi mente. Todavía estaba en las condiciones en que yo no quería estar: embarazada, sola, abandonaba por la familia y rechazada por el que había amado. Pero por primera vez en mi vida sentía verdadera paz, porque sabía que por primera vez había sido obediente.

"Cuando fui a un obstetra y le conté mi decisión de tener el bebé y por qué había tomado aquella decisión, no quiso cobrarme por el cuidado prenatal y el parto. Confesé mi doble vida a la iglesia y mediante el respaldo de los cristianos fui capaz de mudarme lejos de mis antiguos amigos a un apartamento propio. Comencé a asistir a una agencia de consejería cristiana y sentí que Dios me guiaba a dar mi bebé en adopción.

"Tuve una preciosa bebita y le puse por nombre Sarah. Fue adoptada por una pareja cristiana sin hijos, y todos sentimos la mano de Dios en la decisión.

"Y es por eso que doy gracias a Dios en esta tarde. Yo pensé en lo profundo de mi desesperación que mi vida estaba arruinada, pero supe que al menos tenía que ser obediente al asumir la responsabilidad de mi pecado. Pero hoy, debido a esa misma desesperación y obediencia, tengo lo que jamás pensé que tendría: un esposo devoto y ahora un bebé mío. Pero lo que más importa de todo es que tengo lo que antes estaba buscando tan desesperadamente: paz con Dios".

La santidad es obedecer a Dios.

Preguntas para el estudio

1. ¿En qué aspectos de tu vida estás demostrando santidad a diario?

2. ¿En qué aspectos de tu vida estás demostrando una actitud más egocentrista?

3. En Hebreos 5, el escritor exhorta a sus lectores a pasar de una inmadura dieta espiritual de leche hacia una dieta espiritual de carne, para que puedan ser maestros de la Palabra. ¿Qué necesitas cambiar en tu dieta espiritual que pueda ayudarte a alcanzar esta madurez espiritual? Si no lo sabes, las siguientes dos secciones pudieran darte una idea de lo que estás comiendo y la sección final te ayudará a cambiar tus hábitos alimenticios.

Tomado de *Loving God*, por Charles Colson. © 1983, 1987, 1996 por Charles W. Colson. Usado con permiso de Zondervan Publishing Houue..Disponible llamando al 1-800-727-3480.

CAPÍTULO SEIS

RENDICIÓN ABSOLUTA

POR ANDREW MURRAY

> Y Ben-Adad, rey de Aram, reunió todo su ejército, y tenía con él treinta y dos reyes con caballos y carros; y subió, sitió a Samaria y peleó contra ella. Entonces envió mensajeros a la ciudad, a Acab, rey de Israel, diciéndole: Así dice Ben-Adad: "Tu plata y tu oro son míos; míos son también tus mujeres y tus hijos más hermosos." Y el rey de Israel respondió, y dijo: "Sea conforme a tu palabra, oh rey, señor mío; tuyo soy yo y todo lo que tengo".
>
> 1 Reyes 20:1-4

Lo que Ben-Adad pidió era la rendición absoluta, y Acab le dio lo que se le pedía: *rendición absoluta*. Deseo emplear esas palabras: "Mi Señor, Oh Rey, sea conforme a Tu palabra, tuyo soy yo y todo lo que tengo", como las palabras de rendición absoluta con las cuales cada hijo de Dios debe entregarse a su Padre. Si nuestros corazones están dispuestos para eso, no tiene límites lo que Dios hará por nosotros, ni las bendiciones que Dios derramará.

Rendición absoluta. Permíteme decirte dónde encontré ese término. En Escocia, yo estaba en una compañía donde estábamos hablando acerca de la condición de la iglesia de Cristo, y cuál es la gran necesidad de la Iglesia y de los creyentes. En nuestra compañía había uno que tenía mucho que ver con entrenar a obreros cristianos y le pregunté cuál diría él que era la gran necesidad de la Iglesia. Contestó simple y decididamente: "La rendición absoluta a Dios es lo que importa."

Las palabras me hicieron un efecto que nunca antes había sentido. Y el hombre comenzó a contarme cómo, en el trabajo que hacía con los obreros con quienes lidiaba, detectaba que si ellos eran sinceros en ese punto, incluso si tenían retrocesos, estaban dispuestos a dejarse enseñar y ayudar, y que siempre mejoraban; por el contrario, otros que no eran sinceros en eso, muy a menudo se volvían atrás y abandonaban la obra. La condición para obtener la total bendición de Dios es la *rendición absoluta* a Él.

¿Estás dispuesto?

Ahora bien, Dios en el cielo contesta las oraciones que tú le has elevado para que te bendiga a ti y a quienes te rodean con una condición: ¿Estás dispuesto a entregarte absolutamente en Sus manos? ¿Cuál es tu respuesta?

Déjame decirte, primero que todo, que *Dios la reclama de nosotros*. Sí, eso tiene su fundamento en la misma naturaleza de Dios. Él no puede hacer otra cosa.

¿Quién es Dios? Él es la Fuente de la vida, el único Manantial de la existencia, el poder y la bondad, y en todo el universo no hay nada bueno salvo lo que Dios hace. Dios ha creado al sol, la luna, las estrellas, las flores, los árboles y la hierba; y todos ellos ¿no están absolutamente rendidos a Dios? ¿No le permiten a Dios obrar en ellos tal como a Él le plazca? Cuando Dios viste al lirio con su belleza, ¿no se ha entregado éste, no se ha rendido a Dios para que obre en él su belleza?

Y los hijos redimidos de Dios, ¿puedes pensar que Dios pudiera hacer Su obra si sólo se le hubiera rendido la mitad o una parte de ellos? Dios es vida, amor, bendición, poder y belleza infinita, y Dios se deleita en comunicarse con cada hijo que está preparado para recibirlo a Él. Pero la falta de rendición absoluta es lo único que obstaculiza a Dios. Y Él viene y lo reclama como Dios.

Dios está al timón

Pero, en segundo lugar, no sólo Dios lo reclama, sino que *Dios mismo lo obrará*. Estoy seguro de que muchos corazones dicen para sí: "¡Ah, pero esa rendición absoluta implica tanto!" Hace muy poco recibí una notita en la cual el autor decía:

Rendición absoluta

"He pasado por tantas pruebas y sufrimientos, y todavía queda tanto del ego, que no me atrevo a enfrentar el entregarme totalmente porque sé que me provocará mucho problema y sufrimiento". ¡Qué triste! ¡Qué lástima que hijos de Dios tengan semejante concepto de Él, unas ideas tan crueles!

Dios no te pide que te entregues en la perfecta rendición con tus propias fuerzas, o con el poder de tu voluntad: Dios está dispuesto a hacer la obra en ti. ¿No leemos: "Dios es quien obra en vosotros tanto el querer como el hacer, para Su beneplácito?" (Filipenses 2:13) Cree que el mismo Dios eterno vendrá a tu corazón, para enderezar lo que está equivocado, para conquistar lo que es malo, y obrar lo que es bien placentero a Sus benditos ojos. Dios Mismo lo hará en ti.

Fíjate en los hombres del Antiguo Testamento, como Abraham. ¿Crees que fue por accidente que Dios encontró aquel hombre, el padre de los fieles y el amigo de Dios, y que fue el mismo Abraham, aparte de Dios, quien tuvo tal fe y semejante obediencia y devoción?

Tú sabes que no es así. Dios lo levantó, y lo preparó como instrumento para Su gloria. ¿No le dijo Dios al Faraón: "Por esta razón te he permitido permanecer; para mostrarte mi poder" (Éxodo 9:16). Y si Dios le dijo eso a él, ¿no dirá Dios mucho más de todos Sus hijos?

Su maravillosa misericordia

En tercer lugar, no sólo Dios lo reclama y lo obra, sino que *Dios lo acepta cuando se lo traemos a Él.* Dios lo obra en lo secreto de nuestro corazón. Dios nos urge por el poder oculto de Su Espíritu Santo para que vengamos y lo digamos en voz alta, y tenemos que venir y entregarnos a Él en rendición absoluta.

Y si tú dices: "Señor, me entrego en rendición absoluta", aunque sea con un corazón tembloroso, y conscientemente pienses: "No siento el poder, no siento la determinación, no siento la seguridad", será un éxito. Incluso en medio de tu temblor, el poder del Espíritu Santo obrará.

¿Nunca has aprendido todavía la lección de que el Espíritu Santo obra con gran poder, mientras en el lado humano todo parece débil? Observa al Señor Jesucristo en Getsemaní. Leemos que Él "mediante el Espíritu eterno" Se ofreció a Sí mismo en sacrificio a Dios. El todopoderoso Espíritu de Dios lo estaba capacitando para hacerlo. Sin embargo, ¡cuánta agonía y miedo y extrema tristeza le sobrevinieron, y cómo oró! Puede que externamente no veas señal del gran poder del Espíritu, pero el Espíritu de Dios estaba ahí. Y aún así, mientras estás débil y luchando y temblando, con fe en la obra oculta del Espíritu de Dios, no temas, sino entrégate.

No con mi fuerza

En cuarto lugar, no sólo Dios lo reclama, y obra en ello, y lo acepta cuando yo lo entrego, sino que *Dios lo mantiene*. Esa es la gran dificultad con muchos. Tú puedes decir: "Con frecuencia me he sentido empujado en una reunión, o en una convención y me he consagrado a Dios, pero ha pasado. Sé que puede durar una semana o un mes, pero al fin se desvanece, y al poco tiempo, pasa".

Eso es porque tú no crees que cuando Dios ha comenzado la obra de la rendición absoluta en ti, y cuando ha aceptado tu rendición, Él se enfrasca en cuidarla y mantenerla.

En este asunto de la rendición hay dos: *Dios y yo;* yo, un gusano, Dios, el eterno y omnipotente Señor. Gusano: ¿tendrías miedo de confiar tu ser a este poderoso Dios? Él está dispuesto.

Si Dios permite que el sol te ilumine minuto tras minuto, sin interrupción, ¿no permitirá que Su vida te ilumine cada minuto? ¿Y por qué no lo has experimentado? Porque no has confiado en Dios para eso, y no te rindes absolutamente a Dios en esa confianza.

Una vida de absoluta rendición tiene sus dificultades. No lo niego. Sí, tiene algo más que dificultades. Es una vida que en uno mismo es absolutamente imposible. Pero con la gracia de Dios, por el poder de Dios, por el poder del Espíritu Santo morando en nosotros, es una vida a la cual estamos destinados, y que es posible para nosotros. Creamos que Dios la mantendrá.

El día en que cumplió noventa años le preguntaron a George Müller el secreto de su felicidad, y de todas las bendiciones con las que Dios lo había colmado. Contestó que él creía que había dos razones. La primera, que él había sido capacitado, por gracia, para mantener una buena conciencia ante Dios día por día; la otra, que él amaba la Palabra de Dios. Una buena conciencia en genuina obediencia a Dios día por día; y compañerismo con Dios cada día en Su Palabra, y oración: esa es la vida de absoluta rendición.

Cosechando las recompensas

El último pensamiento: Esta rendición absoluta a Dios *nos bendecirá maravillosamente*. Lo que Acab respondió a su enemigo, el Rey Ben-Adad: "Sea conforme a tu palabra, oh rey, señor mío: tuyo soy yo y todo lo que tengo", ¿no le diremos a nuestro Dios y Padre amante? Si lo decimos, la bendición de Dios vendrá sobre nosotros. Dios nos quiere apartados del mundo; estás llamado a salir del mundo que odia a Dios. Sale por Dios y di: "Señor, todo para Ti." Si dices eso en oración, y lo hablas al oído de Dios, Él lo aceptará, y te enseñará lo que eso significa.

Lo repito, Dios te bendecirá. Has estado orando por bendición. Pero recuerda, la rendición debe ser absoluta. En cada mesa de té lo ves. ¿Por qué se vierte el té en esa taza? Porque está vacía, y preparada para recibir el té. Pero si le echas tinta, vinagre o vino, ¿alguien vertirá en ella el té? ¿Y puede Dios llenarte, puede bendecirte, si no te has rendido enteramente a Él? No puede. Cree que Dios tiene maravillosas bendiciones para ti, si sólo tú lo dices, aunque sea con una voluntad vacilante, pero con un corazón creyente. "Oh Dios, acepto Tus exigencias, Tuyo soy yo, y todo lo que tengo. Mi alma se rinde a Ti enteramente, por gracia divina."

Puede que no tengas semejante sensación fuerte y clara de liberación como desearías tenerla; pero humíllate ante Sus

VICTORIA SOBRE LA TENTACIÓN

ojos, y reconoce que tú has contristado al Espíritu Santo por tu propia voluntad, autosuficiencia y confianza en ti mismo. Inclínate humildemente ante Él en la confesión de eso, y pídele que quebrante tu corazón y te traiga en el polvo delante de Él. Entonces mientras te inclinas a Él, acepta la enseñanza de Dios de que en tu carne "no mora nada bueno", y de que nada te ayudará excepto otra vida que debe entrar. Debes negarte de una vez por todas. El negarte a ti mismo tiene que ser en todo momento el poder de tu vida, y entonces Cristo vendrá y tomará posesión de ti.

Preguntas para el estudio

1. A los ojos de Dios, la devoción a medias es una contradicción estúpida. Incluso Jesús dijo que era mejor ser frío o caliente que tibio. Así que ¿cómo quedas tú en eso? ¿Estás totalmente dedicado a Cristo?

2. ¿Estás dispuesto a orar a Dios con las palabras de Acab: "Sea conforme a tu palabra, oh rey, Señor mío, Tuyo soy yo y todo lo que tengo"?

3. Tómate un momento para reflexionar en las consecuencias de la rendición absoluta a Dios. Antes de orar con las palabras de Acab, calcula el costo. Entonces, ora como Dios te guíe.

Tomado de *Rendición absoluta*, por Andrew Murray. © por Christian Literature Crusade. Usado con permiso. Para recibir un catálogo gratis de los libros y recursos de Cruzada de Literatura Cristiana, llamar al 1-215-542-1240

CAPÍTULO SIETE

ALIMENTARSE DE LA PALABRA DE DIOS

POR JACK HAYFORD

Yo estudio mi Biblia como recojo manzanas. Primero, sacudo todo el árbol para que las más maduras caigan. Después, sacudo cada rama, y cuando he sacudido cada rama, sacudo cada ramita y cada tallito. Entonces miro debajo de cada hoja.

Martín Lutero

Para empezar, todos sabemos y estamos de acuerdo en esto: La Palabra de Dios es absolutamente esencial para nuestra vida personal, y sólo encontrará su lugar ahí, sobre la base de nuestra decisión de leerla diariamente y tenerlo como un deber.

Sin discusión.

Mientras examinamos el lugar de la Palabra en nuestra vida devocional privada, ¿puedo hablarte de una guía personal sencilla que he encontrado? Ha funcionado durante décadas en mi andar cristiano y se la he recomendado a miles. ¿Cómo evito fallar en mi lectura diaria de la palabra de Dios? Simplemente, no apago la luz. Eso es. He conectado ese último acto del día con un "imposible" sin leer la Palabra... Es como si dijera: "¡Esa luz no se apaga hasta que esta Luz no se encienda!"

Por supuesto que puedes emplear otros medios, normas y recordatorios. Muchos leen la Palabra a primera hora de la mañana, y con frecuencia lo hago también. Pero en una dimensión personal, encontré que en la mañana a menudo me tentaba más sustituir la lectura devocional de la Palabra con el tiempo devocional en oración con el Señor. Así que por lo regular leo la Biblia por la tarde.

No obstante, lo que importa es que establezcamos el hábito. El momento y la extensión te toca fijarlos a ti. Y cualquiera que sea la dificultad que se te presente para volverte un fiel lector de la Biblia, sigue esforzándote. Esa es una disciplina que es esencial dominar, y necesitamos establecer al menos el hábito de leer capítulos (plural) casi cada día.

Valor del hábito de leer la Biblia a diario

Examinemos juntos muy seriamente por qué necesitamos la Palabra de Dios en nuestras vidas. Puede que desees anotar estos principios en las páginas en blanco del frente o del final de tu Biblia, como una referencia y recordatorio de que la Palabra de Dios es esencial para nuestro diario vivir: La verdad y la sabiduría que contiene este precioso libro trata cada suceso de la vida.

1. La Palabra de Dios asegura la certeza de nuestro camino.

Salmo 119:6 "Entonces no seré avergonzado, al considerar todos Tus mandamientos."

La palabra *avergonzado* como está usada aquí, significa literalmente "no sentiré embarazo". En resumen, no voy a quedar en evidencia cuando "respeto toda Tu Palabra, Señor." Su Palabra me ayudará a evitar confusión y embarazo dando tumbos en mi vida.

2. La Palabra de Dios da dirección a nuestro camino.

Salmo 119:105 "Lámpara es a mis pies Tu Palabra, y luz para mi camino".

Por supuesto, simplemente el dar un lugar a la Palabra de Dios cada día es hacer un juramento de lealtad y fidelidad: "Señor, Tu Palabra es fundamental y antes que todos los otros asuntos de mi vida". Este reconocimiento trae cierta dirección.

Proverbios 3:6 "Reconócele en todos tus caminos, y Él enderezará tus sendas".

Observa también que la dirección que viene de la Palabra de Dios está no sólo cerca a la mano, sino que revela lo que está distante. Cuando la Biblia dice: "Tu Palabra es una lámpara y una luz", las palabras hebreas son el equivalente en la tecnología de hoy al decir: "Tienes una linterna en una mano y un reflector gigantesco en la otra". Ambos aspectos de mi sendero pueden verse: detalles para hoy y discernimiento para el mañana.

3. La Palabra de Dios da sabiduría para tu camino

Salmo 19:7 "La ley del Señor es perfecta, que restaura el alma; el testimonio del Señor es seguro, que hace sabio al sencillo".

La palabra *sencillo* hace una franca referencia a una persona "inexperta", y no es un ignorar condescendiente, como si la persona fuera estúpida o ignorante. Tal como la Biblia señala el camino a la sabiduría tanto para la situación inmediata de hoy como para el resto del largo sendero que hemos de proseguir, aquí se promete la Palabra como un recurso para asegurar sabiduría para cosas que enfrentamos en las cuales no tenemos experiencia. Esto no significa que toda cuestión que enfrentemos tiene una respuesta inmediata. Significa que mientras me alimento de la Palabra a diario, la sabiduría que necesito para vivir mi vida se irá destilando en mi alma. Déjame explicarme.

He aprendido que la lectura regular pocas veces me da una "dosis" de sabiduría perceptible cada día. Pero sí he encontrado, que el Espíritu Santo tiene un modo de hacerme recibir sabiduría como un depósito; no tanto en frases o palabras, sino en los elementos de la sabiduría, los nutrientes de la verdad de Dios, que fluyen en mi espíritu. Entonces, cuando la necesito, aunque no pueda recordar los capítulos ni los versículos, la fortaleza y la sabiduría necesarias estarán disponibles en razón de los recursos espirituales internos: esos que se han acumulado a través de la fidelidad a este hábito espiritual.

Hace un tiempo atrás, una amiga de mi madre le dijo a ella: "Dolores, me siento tan estúpida cuando estudio la

Palabra de Dios. Tal parece que soy incapaz de recordar nada en absoluto".

Muy sabiamente mi madre le dijo: "Lou, ¿recuerdas lo que desayunaste el martes, hace tres semanas?"

"La amiga miró a mi madre estupefacta y replicó: "Bueno, no".

Mamá prosiguió: "Pero de todas formas te alimentó y te sostuvo, ¿no?"

¿Te das cuenta? Tú sigue leyendo la Biblia. Puede que no lo recuerdes todo, pero la Palabra está fluyendo en tu espíritu y, mientras lo hace, te está proporcionando fortaleza para sustentarte. Sencillamente obedece... y lee.

Jesús dijo: "No sólo de pan vivirá el hombre, sino de toda palabra que sale de la boca de Dios" (Mateo 4:4). ¡He aquí tu pan diario! Podemos esperar fortaleza hoy, no sólo por la lectura de hoy, ¡sino que también se compone de lo que "comimos" el martes hace tres semanas, cuando nos alimentamos de la Palabra de Dios!

4. La Palabra de Dios asegura nuestra victoria en nuestro camino

Josué 1:8 "Este libro de la ley no se apartará de tu boca, sino que meditarás en él día y noche, para que cuides de hacer todo lo que en él está escrito; porque entonces harás prosperar tu camino y tendrás éxito".

¡Alabado sea el Señor!

Escucha, hay algo en eso de dar lugar a la Palabra de Dios que asegura ¡no sólo el alimento de hoy sino también nuestro éxito!

Josué acababa de tomar la responsabilidad de las riendas del liderazgo de manos de Moisés, a la muerte de éste. ¿Puedes imaginarte el desafío imposible que eso era desde el punto de vista de Josué? Pero Dios le dio la promesa de Su presencia y Su propósito, vinculándolos a Sus preceptos.

Hoy en día se ofrece —en los mismos términos que se le ofreció a Josué— la promesa de éxito, mediante la presencia prometida de Dios y el desarrollo de Su propósito en nuestra vida. ¡Mantén la Palabra en tu mente, en tu corazón y en tus labios! La Palabra obra rica y poderosamente:

> Que la palabra de Cristo habite en abundancia en vosotros con toda sabiaduría (...) esforzándome según su poder que obra poderosamente en mí.
>
> Colosenses 3:16; 1:29

> Así crecía poderosamente y prevalecía la palabra del Señor.
>
> Hechos 19:20

5. La Palabra de Dios nos mantiene puros en nuestro camino

Salmo 119:9 "¿Cómo puede el joven guardar puro su camino? Guardando Tu Palabra".

Salmo 119:11 "En mi corazón he atesorado Tu Palabra para no pecar contra Ti".

Otra ventaja de leer la Biblia es el poder de la Palabra para mantenernos puros. No es sólo un reflector que ilumina hacia afuera y proporciona luz para andar en una dirección; es una linterna que ilumina hacia adentro: alentándome, corrigiéndome, ajustándome e instruyéndome. Jesús oró: "(Padre,) santifícalos en la verdad; Tu Palabra es verdad" (Juan 17:17), También declaró: "Y conoceréis la verdad, y la verdad os hará libres" (Juan 8:32). La Palabra de Dios no sólo purifica del pecado, ¡sino que previene contra el pecado!

En cada caso en que Jesús se enfrentó a la tentación en el desierto, cuando Satanás llegó no sólo a provocarlo sino a destruirlo, Jesús respondió a cada arremetida del adversario con una contraembestida de la espada del Espíritu: la verdad de la Palabra de Dios.

D.L. Moody dijo de la Palabra de Dios: "Este Libro te apartará del pecado, o el pecado te apartará de este Libro".

Así que hoy tenemos la Biblia no sólo como un "Libro de recursos" que da certeza, dirección, sabiduría y victoria, sino que lo tenemos como un "Libro de resistencia" para mantenernos puros.

6. La Palabra de Dios nos mantiene alertas a las épocas

1 Juan 3:3 "Y todo el que tiene esta esperanza puesta en Él, se purifica así como Él es puro".

Las Escrituras algunas veces destellan con señales de advertencia que brillan mostrándonos la naturaleza de nuestros tiempos, y señalándonos la necesidad de mantenernos listos para el regreso de Jesucristo. Con nuestros ojos en el Señor —"amando Su aparición"— la Palabra es clave para mantenernos sensibles, guardarnos de quedarnos dormidos cuando la hora de tinieblas y del espíritu de nuestro tiempo pueda arrullarnos a caer en una somnolencia carnal o de complacencia sensual. La Palabra nos mantendrá andando por un sendero puro y permaneciendo una actitud alerta, fuerte y lista para la batalla en el nombre del Señor.

¡La promesa del pronto regreso de Jesús es real! La clave para "mantenerse listo" es leer la Biblia de forma persistente, diaria, autoexaminadora, consoladora, edificadora de la fe, purificadora del alma.

7. La Palabra de Dios es nuestro escudo de fe

Romanos 10:17 "Así que la fe viene por el oír, y el oír por la palabra de Dios".

Nuestra fe es nuestro medio fundamental de resistir al diablo; el escudo que usamos para oponernos a él. La fe defiende de los ataques como un implemento forjado y diseñado de un modo: por nuestro "oír" la Palabra de Dios.

Pero recuerda, condiscípulo, el "oír" no es limitarse a ir pasivamente a la iglesia una vez por semana ¡y ya está! "Oír" la Palabra es más bien 1) alimentarse de ella como una práctica persistente, y 2) prestarle atención como un "oidor" sensible.

Alimentarse de la Palabra de Dios

El punto de partida para una fe cada vez más creciente está en hacer caso de lo que se lee: obedecer Su guianza hacia el buen pasto como ovejas de Jesús. Eso es lo que traerá plenitud de fe y nos edificará como triunfadores, ¡de oveja a soldado!

¡Alimentarse y hacer caso! Ese es nuestro llamado a este "Recurso por encima de todos los recursos", la norma por la cual se mide todo lo demás, el suelo básico para dondequiera que camines en la vida; la eterna, viva y santa Palabra de Dios.

Vive *en* ella.
Vive *por* ella.
Vive *a través de* ella.
Diariamente.

Preguntas para el estudio

1. ¿Cómo te da "sabiduría en tu camino" la Palabra de Dios?

2. ¿Cómo te ayuda la lectura de la Palabra de Dios a vencer la tentación?

3. ¿Tienes fijado un tiempo para leer la Biblia? Si no, hazlo ahora y hazte un compromiso de "no apagar la luz" (o hacer lo siguiente que tengas programado) hasta que hayas leído al menos un capítulo. Una vez que se convierta en hábito, trata de extenderlo hasta varios capítulos por día.

Materiales de *El Poder y la Bendición*, por Jack Hayford. Chariot Victor Publishing, © 1994. Usado con permiso de Editorial Unilit.

CAPÍTULO OCHO

DISCIPLÍNATE A TI MISMO PARA LA PIEDAD

POR JERRY BRIDGES

Pero nada tengas que ver con las fábulas profanas propias de viejas. Más bien disciplínate a ti mismo para la piedad.

1 Timoteo 4:7

El apóstol Pablo no dio por descontada la piedad de su hijo espiritual Timoteo. Aunque Timoteo había sido su compañero y colaborador durante años, Pablo todavía sintió la necesidad de escribirle: "Disciplínate a ti mismo para la piedad". Y si Timoteo necesitaba este estímulo, nosotros con toda seguridad lo necesitamos hoy.

Al exhortar a Timoteo a disciplinarse para la piedad, Pablo tomó prestado un término del ámbito de los deportes. El verbo que se traduce en diferentes versiones como "ejercítate", "entrénate" o "disciplínate", originalmente se refería al entrenamiento de jóvenes atletas para participar en los juegos deportivos de aquella época. Entonces tomó un significado más general de disciplina del cuerpo o de la mente en una habilidad particular.

Los principios para disciplinarse

Hay varios principios en la exhortación de Pablo a Timoteo para disciplinarse a sí mismo a fin de ser piadoso, que pueden aplicarse a nosotros hoy. El primero es *la responsabilidad personal*. Pablo dijo: "Disciplínate a ti mismo". Timoteo era personalmente responsable de su progreso hacia la piedad. No había de confiar en el Señor para aquel progreso y entonces relajarse, aunque él tenía la certeza de que cualquier progreso que hiciera sería sólo por capacitación divina. Tenía que entender que era él quien había de lograr este aspecto particular de su salvación, confiando en que Dios obraba junto con él. Pero en el mensaje de Pablo debía ver que él tenía que bregar con esto; tenía que *procurarlo*.

Nosotros los cristianos podemos ser muy disciplinados e industriosos en nuestros negocios, nuestros estudios, nuestro hogar, o incluso en nuestro ministerio, pero tendemos a ser perezosos cuando se trata de ejercitarse en nuestras propias vidas espirituales. Es más probable que oremos "Señor, santifícame", y esperemos que Él "derrame" alguna santidad en nuestras almas de algún modo misterioso. De hecho, Dios obra de un modo misterioso para santificarnos, pero no lo hace prescindiendo de nuestra propia responsabilidad en este cumplimiento. Tenemos que disciplinarnos para ser santos.

El segundo principio en la exhortación de Pablo es que *el objetivo de esta disciplina era el crecimiento de la vida espiritual personal de Timoteo*. En otra parte Pablo estimula a Timoteo para que progrese en su ministerio, pero el objetivo aquí es la propia devoción a Dios de Timoteo y la conducta que se deriva de esta devoción. Aunque él era un experimentado y bien calificado ministro cristiano, Timoteo todavía necesitaba crecer en las áreas esenciales de la devoción: el temor de Dios, la comprensión del amor de Dios, y el ansia por la presencia de Dios y el compañerismo con Él.

He estado en un ministerio cristiano a tiempo completo por más de 25 años y he servido tanto en Estados Unidos como en el extranjero. Durante este tiempo, he conocido muchos cristianos talentosos y capaces, pero pienso que he conocido menos cristianos devotos. El énfasis en nuestros tiempos es servir a Dios, lograr cosas para Dios. Enoc era un predicador de la justicia en una época de gran impiedad, pero Dios creyó oportuno que el breve recuento de su vida subrayara el hecho de que él caminaba con Dios. ¿Para qué nos estamos disciplinando? ¿Nos estamos entrenando sólo en actividad cristiana, por buena que pueda ser, o nos estamos disciplinando primero que todo en santidad?

El tercer principio en las palabras de exhortación a Timoteo de Pablo, es la importancia de *las características necesarias mínimas para la disciplina.* Muchos de nosotros hemos visto varias competencias olímpicas en televisión, y mientras los comentaristas nos han dado los antecedentes de los distintos atletas, nos hemos dado cuenta de ciertos mínimos irreducibles en el entrenamiento de todos los competidores olímpicos. Es muy posible que Pablo tuviese esas características mínimas en mente mientras comparaba el entrenamiento físico con la disciplina en santidad.

El costo del compromiso

El primero de estos mínimos irreducibles es *el compromiso*. Nadie llega al nivel de las Olimpiadas, ni siquiera de las competencias nacionales, sin un compromiso para pagar el precio del riguroso entrenamiento diario. Y de la misma forma, nadie jamás se vuelve santo sin un compromiso para pagar el precio de la diaria disciplina espiritual, que Dios ha diseñado para que crezcamos en santidad.

El concepto de compromiso es recurrente a lo largo de la Biblia. Se encuentra en el clamor de David a Dios: "Te buscaré con afán" (Salmo 63:1). Se halla en la promesa de Dios a los cautivos de Babilonia: "Me buscaréis y me encontraréis cuando me busquéis de todo corazón" (Jeremías 29:13). Está en la compulsión de Pablo por alcanzar aquello para lo cual también fue alcanzado por Cristo Jesús (Filipenses 3:12). Yace tras exhortaciones como "Buscad (...) la santidad" (Hebreos 12:14), y "Con toda diligencia añadid a vuestra fe (...) piedad" (2 Pedro 1:5-7). Nada de esta búsqueda, ni esta incitación, ni esta diligencia, tendrá lugar sin un compromiso de nuestra parte.

Hay un precio para la santidad, y ésta jamás está en rebajas. Nunca viene barata o fácilmente. El verbo *disciplinar*, que Pablo escogió deliberadamente, implica un esfuerzo perseverante, diligente y concienzudo. Él estaba consciente del compromiso total que aquellos jóvenes atletas hacían para ganar una corona que no duraría. Y mientras pensaba en la corona que duraría —la piedad que tiene valor para todas las cosas, tanto en la vida presente como en la futura— él instaba a Timoteo, y a nosotros hoy, a hacer la clase de compromiso necesario a fin de disciplinarnos para ser santos.

VICTORIA SOBRE LA TENTACIÓN

Aprendiendo de un maestro consumado

El segundo mínimo irreducible en disciplinarnos es un *maestro o entrenador competente*. Ningún atleta, por más capacidad natural que tenga, puede llegar a las Olimpiadas sin un entrenador diestro que lo eleve hasta las más altas normas de excelencia, y vigile y corrija cada pequeño error. Del mismo modo, nosotros no podemos disciplinarnos nosotros mismos para ser santos sin el ministerio de enseñanza y entrenamiento del Espíritu Santo. Él nos eleva hasta las más altas normas de excelencia espiritual mientras nos enseña, reprende, corrige y entrena. Pero Él nos enseña y disciplina a través de Su Palabra. Por consiguiente, tenemos que abrirnos constantemente a la enseñanza de la Palabra de Dios si hemos de crecer en santidad.

En Tito 1:1 Pablo se refiere "al pleno conocimiento de la verdad que es según la piedad". No podemos crecer en piedad sin el conocimiento de esta verdad. Esta ha de hallarse únicamente en la Biblia, pero no es un mero conocimiento académico de los hechos bíblicos. Es conocimiento espiritual enseñado por el Espíritu Santo, mientras aplica la verdad de Dios a nuestros corazones.

Hay un tipo de conocimiento religioso que en realidad va en detrimento del entrenamiento para la piedad. Es el conocimiento que se hincha con orgullo espiritual. Los cristianos corintios tenían esa clase de conocimiento. Ellos sabían que un ídolo no es nada y que comer comida sacrificada a un ídolo era un asunto de indiferencia espiritual. Pero no sabían de su responsabilidad por amar a sus hermanos más débiles. Solamente el Espíritu Santo imparte ese tipo de conocimiento: la clase que conduce a la piedad.

Es posible ser muy ortodoxo en nuestra doctrina y muy recto en nuestra conducta y, a pesar de eso, no ser piadoso. Mucha gente es ortodoxa y recta, pero no son devotos de Dios; son devotos de su ortodoxia y sus normas de conducta moral.

Sólo el Espíritu Santo nos puede arrancar de semejantes condiciones de falsa confianza, para que tengamos que buscarle sinceramente, a fin de que nos ministre disciplina mientras buscamos crecer en santidad. Tenemos que dedicarle mucho tiempo a Su Palabra, puesto que ese es Su medio de enseñarnos. Pero esta dedicación tiene que ir acompañada de un sentido de profunda humildad con respecto a nuestra capacidad para aprender la verdad espiritual, y un sentido de total dependencia de Su ministerio en nuestros corazones.

Práctica y más práctica

El tercer mínimo irreducible en el proceso de entrenamiento es la *práctica*. Es la práctica la que le pone pies al compromiso y aplica la enseñanza del entrenador. Es la práctica, donde se desarrolla la habilidad, la que hace competitivo al atleta en su deporte. Y es la práctica de la piedad la que nos capacita para volvernos cristianos piadosos. No hay atajos para el nivel de capacidad olímpica; no hay atajos para la piedad o santidad. Es la fidelidad día tras día los medios que Dios ha destinado y que usa el Espíritu Santo, la que nos capacita para crecer en piedad. Tenemos que *practicar* la piedad, tal como el atleta practica su deporte particular.

Tenemos que practicar el temor de Dios, por ejemplo, si hemos de crecer en ese aspecto de la devoción piadosa. Si estamos de acuerdo en que los elementos esenciales del temor de Dios son: tener un concepto correcto de Su carácter, un sentido penetrante de Su presencia, y estar conscientes en todo momento de nuestra responsabilidad para con Él, entonces tenemos que trabajar para llenar nuestras mentes con las expresiones bíblicas de estas verdades y aplicarlas en nuestras vidas, hasta que seamos transformados en personas temerosas de Dios.

Si nos convencemos de que la humildad es un rasgo del carácter piadoso, entonces meditaremos frecuentemente sobre pasajes de la Escritura como Isaías 57:15 y 66:1-2, donde Dios mismo elogia la humildad. Oraremos por ellos, pidiéndole al Espíritu Santo que los aplique a nuestras vidas para hacernos verdaderamente humildes. Esta es la práctica de la piedad. No es algún ejercicio etéreo. Es práctico, terrenal e incluso a veces un poco descuidado, mientras el Espíritu Santo obra en nosotros. Pero siempre es retributivo, cuando vemos al Espíritu transformándonos más y más en personas piadosas.

VICTORIA SOBRE LA TENTACIÓN

La naturaleza de la disciplina

Pablo dijo: "Disciplínate a ti mismo para la piedad". Tú y yo somos responsables de entrenarnos a nosotros mismos. Dependemos de Dios para Su divina capacitación, pero somos responsables, no somos pasivos en este proceso. Nuestro objetivo en este proceso es la santidad: no la pericia en el ministerio, sino la devoción centrada en Dios y el carácter piadoso. Sí que deseamos ser diestros en nuestro ministerio, pero para disciplinarnos en la piedad, tenemos que enfocarnos en nuestra relación con Dios.

Disciplinarnos en la piedad requiere compromiso, el ministerio de enseñanza del Espíritu Santo a través de Su Palabra, y práctica de nuestra parte. ¿Estamos preparados para aceptar nuestra responsabilidad y hacer ese compromiso? Mientras meditamos en esa pregunta, recordemos: "La piedad es provechosa para todo, pues tiene promesa para la vida presente y también para la futura", y "La piedad es un medio de gran ganancia cuando va acompañada de contentamiento" (1 Timoteo 4:8; 6:6).

Preguntas para el estudio

1. ¿Cuáles son los tres principios que Pablo utiliza para exhortar a Timoteo hacia la piedad?

2. De los tres "mínimos irreducibles" que cita Pablo, ¿cuál es más evidente en tu vida? ¿Cuál es menos?

3. ¿Cuál es tu respuesta a la pregunta: "¿Estás preparado para aceptar tu responsabilidad y hacer el compromiso de disciplinarte para la piedad?"

Tomado de *La Práctica de la Piedad*, por Jerry Bridges, © 1983, 1996 por Jerry Bridges, Usado con permiso de NavPress, Para ordenar llamar 1-800-366-7788.

CAPÍTULO NUEVE

CRECEMOS POR MEDIO DEL EJERCICIO

POR WARREN WIERSBE

> *Dios desea adoradores antes que obreros; en verdad los únicos obreros aceptables son aquellos que han aprendido el arte olvidado de adorar.*
>
> A.W. TOZER

El alimento sin el ejercicio, hará que una persona se vuelva gorda, perezosa y campo fértil para una variedad de problemas físicos. Lo que sucede en el cuerpo, también sucede en el ser interior: a menos que nos dediquemos al ejercicio espiritual, el alimento que tomamos probablemente nos hará más mal que bien. Demasiados santos están sobrealimentados y subejercitados, y por eso es que Pablo vinculó la comida y el ejercicio cuando escribió estas palabras a Timoteo:

> Al señalar estas cosas a los hermanos serás un buen ministro de Cristo Jesús, nutrido con las palabras de la fe y de la buena doctrina que has seguido. Pero nada tengas que ver con las fábulas profanas propias de viejas. Más bien disciplínate a ti mismo para la piedad, porque el ejercicio físico aprovecha poco, pero la piedad es provechosa para todo, pues tiene promesa para la vida presente y también para la futura (1 Timoteo 4:6-8).

Ejercitando el dominio propio

El término *ejercicio*, como la palabra *disciplina*, irrita a algunas personas, sobre todo a quienes prefieren pasearse por la vida dándose gustos en lugar de templarse el carácter. Un dicho contemporáneo muy popular es: "Cada vez que pienso en hacer ejercicio, me siento y descanso hasta que se me pasa". El hecho de que puede que un día te sientes y jamás vuelvas a levantarte probablemente no ha cruzado por tu mente.

Tanto si se trata de tocar un instrumento musical, como de aprender a usar un programa de computadora o de dominar un idioma extranjero, cualquier actividad que merezca la pena requiere disciplina y ejercicio. Aristóteles calificó el dominio propio como "la más dura victoria" y posiblemente estaba en lo cierto. Hasta que no aprendamos cómo ejercer el dominio propio, no es probable que sepamos ninguna otra cosa que sea importante para tener éxito en la vida. Tenemos que ejercer disciplina incluso para sentarnos quietos en una silla y leer un libro o escuchar lo que nos enseña otra persona.

Hubo un tiempo en la historia de la Iglesia en que los creyentes se deleitaban en conversar de las disciplinas espirituales de la vida cristiana, pero hoy, todo indicio de disciplina es calificado de "legalístico" y ajeno al énfasis que el Nuevo Testamento pone en la gracia. Los cristianos contemporáneos no tienen tiempo para las disciplinas espirituales como la adoración, el ayuno, la oración, la meditación, el autoexamen y la confesión. Estamos demasiado ocupados corriendo hacia las reuniones y buscando atajos garantizados para la madurez.

Algunos de los cristianos de hoy me recuerdan a los millones de fanáticos que abarrotan las arenas deportivas y los estadios semana tras semana, animando con vivas a su equipo favorito. Después de cada juego, estos fanáticos gritan: "¡Ganamos! ¡Ganamos!" cuando en realidad fueron los atletas quienes jugaron y quienes ganaron. Todo lo que hicieron los fanáticos fue pagar por la entrada, llenar un asiento y hacer mucho ruido. Los espectadores, no los jugadores, son los que en realidad necesitan el ejercicio, pero se conforman con gritar "¡Ganamos!" y reclamar el crédito que pertenece únicamente a los disciplinados atletas.

No requiere mucho esfuerzo tener éxito al ser un espectador; pero tenemos que recordar que los espectadores no experimentan el gozo que proporciona el ser disciplinado, trabajar en equipo y dar lo mejor de sí; tampoco los espectadores ganan ningún premio. Demasiados cultos de iglesias evangélicas están llenos de gente entusiasta que compra sus entradas (las ofrendas), observan el juego (el servicio) y dan vivas cuando hay una victoria (almas que aceptan al Señor). Saben muy poco o nada de ejercitar las disciplinas que transforman a los espectadores en atletas ganadores que glorifican a Dios.

Si quieres ser un hijo de Dios que hace algo más que mirar y vitorear, tendrás que aprender las disciplinas de la vida cristiana. Tendrás que convertirte en discípulo. Los discípulos son creyentes que practican la disciplina. Saben lo que es el ejercicio espiritual.

Consagrándonos

Nuestro ejercicio espiritual más importante, y quizás el más difícil de aprender, es la adoración. Todo lo que somos y todo lo que hacemos en la vida cristiana proviene de la adoración. Jesús dijo: "Sin Mí nada podéis hacer" (Juan 15:5).

¿Qué es la adoración? Para alguien que creció en la tradición cuáquera, adorar puede significar esperar calladamente ante el Señor y escuchar Su palabra en el silencio; para un creyente carismático, la adoración puede implicar una expresión más entusiasta de alabanza y adoradción. Pienso que la definición de adoración de William Temple cubre los elementos esenciales implicados en la adoración personal y colectiva:

> Porque la adoración es la sumisión de toda nuestra naturaleza a Dios. Es que Su santidad alerte nuestra consciencia; que Su verdad alimente nuestra mente; que Su hermosura purifique nuestra imaginación; el abrir nuestros corazones a Su amor; el rendir nuestra voluntad a Su propósito... Y todo esto reunido en veneración, la más altruísta emoción de que es capaz nuestra naturaleza, y por lo tanto, el principal remedio para ese egoísmo que es nuestro pecado original y la fuente del pecado presente.

VICTORIA SOBRE LA TENTACIÓN

Pablo escribió: "Hermanos, os ruego por las misericordias de Dios que presentéis vuestros cuerpos como sacrificio vivo y santo, aceptable a Dios, que es vuestro culto racional [acto de adoración espiritual]" (Romanos 12:1).

Cuando entregamos nuestro cuerpo al Señor, le damos todos los elementos mencionados en la definición de adoración de Temple, porque el término *cuerpo* incluye toda la persona: la consciencia, mente imaginación, corazón, voluntad y todas las facultades, talentos y dones que moran en ese santo templo.

El tiempo del verbo *presentar* indica un paso de fe definitivo, cuando nos presentamos al Señor en un solemne acto de dedicación. Pero me gusta renovar esa dedicación al comienzo de cada día. Es como la novia y el novio en el altar del matrimonio: Ellos se entregan uno al otro de una vez y para siempre, pero se pertenecen mutuamente por el resto de sus vidas. La dedicación de la boda sólo los introduce a la devoción matrimonial, que debe enriquecerse con el paso de los años. Cualquier pareja casada que trata de vivir de los recuerdos de una hermosa boda, sin cultivar una profundización de las relaciones de amor, no comprende de qué se trata el matrimonio.

Alabar y meditar

La adoración implica no sólo la *presentación* sino también la *veneración* cuando ofrecemos nuestros sacrificios espirituales de alabanza y agradecimiento a Dios: "Por tanto, ofrezcamos continuamente mediante Él, sacrificio de alabanza a Dios, es decir el fruto de labios que confiesan Su nombre" (Hebreos 13:15). Tanto si lo alabamos empleando uno de los Salmos, un texto de un himno, algo que espontáneamente salga del corazón, o quizás todos los tres, debemos enfocar toda nuestra atención en Él y únicamente en Él. David expresó su alabanza de este modo: "Bendice, alma mía, al Señor, y bendiga todo mi ser Su santo nombre" (Salmo 103:1).

La adoración también incluye la *meditación*, leyendo la Palabra de Dios, pensando en ella, orando sobre ella, pidiéndole al Espíritu que nos muestre a Cristo y nos enseñe la verdad, y después nos ayude a aplicar la verdad a nuestras propias vidas. Esto es lo que William Temple llama "alimentar nuestra mente con Su verdad". Todo lo que necesitamos saber acerca de Dios nos será dado en las Escrituras; y mientras mejor lo conocemos, más lo amaremos.

Oración

La adoración tiene que incluir la *oración*. Jesús no le dio a Sus seguidores una filosofía de la oración ni aun una teología. En lugar de eso, les dio un ejemplo en tanto ellos observaban Su propia vida de oración; Él les contó parábolas alentadoras acerca de ésta; y les enseñó un modelo de oración para guiarlos en la suya propia. Lo que conocemos como la Oración del Padrenuestro es un modelo inspirado para que lo sigamos cuando oremos:

> Padrenuestro que estás en los cielos,
> Santificado sea tu nombre.
> Venga tu reino.
> Hágase tu voluntad,
> Así en la tierra como en el cielo.
> Danos hoy el pan nuestro de cada día.
> Y perdónanos nuestras deudas,
> como también nosotros hemos perdonado
> a nuestros deudores.
> Y no nos metas en tentación,
> mas líbranos del mal.
> Porque tuyo es el reino y el poder y la gloria
> para siempre jamás. Amén (Mateo 6:9-13).

La primera cosa que nos llama la atención en esta oración es que emplea *únicamente pronombres en plural* cuando se refiere al pueblo de Dios. No es "Padre mío" sino "Padre nuestro"; no es "Dame" sino "Danos". Esta es una oración familiar que comprende a todo el pueblo de Dios. De hecho, se expresa una relación dual con "Padre nuestro"; una relación con otros creyentes ("nuestro"), y una relación con Dios ("Padre").

VICTORIA SOBRE LA TENTACIÓN

Como hijo de Dios, puedo orar a solas, pero jamás puedo orar solo. Tengo que considerar a otros creyentes también. Tengo que mantener ante mí a toda la familia de Dios y no orar por algo para mí que pudiera perjudicar a otro de los hijos de Dios. La bendición que me llega como respuesta a mi oración, también tiene que traer bendición al resto de la familia de Dios. Santiago dice que la razón para que los hijos de Dios estuvieran en guerra unos con otros era porque su oración era egoísta (Santiago 4:1-3). Estaban orando "Padre mío" en lugar de "Padre nuestro".

La oración implica relaciones, y también implica *responsabilidades*: la gloria del nombre de Dios ("Bendito sea tu nombre"), el éxito del reino de Dios ("venga tu reino"), y el cumplimiento de la voluntad de Dios ("hágase tu voluntad"). Antes de que podamos orar por nuestros propios intereses, debemos concentrarnos en los intereses de Dios. No me atrevo a pedirle algo al Padre que pueda deshonrar Su nombre, obstaculizar la venida de Su reino u obstruir el cumplimiento de Su voluntad sobre la tierra.

¿Por qué poner los intereses de Dios antes que mis necesidades y peticiones? Primero que todo, porque son muchísimo más importantes que cualesquier necesidad que yo pueda tener. Segundo, se mencionan primero para que yo pueda evaluar mis oraciones y ver si son verdaderamente parte de lo que Dios está haciendo en este mundo. Como dijo Robert Law: "El propósito de la oración no es que se haga la voluntad del hombre en el cielo, sino que se haga la voluntad de Dios en la tierra".

Si mis relaciones con Dios y con la familia de Dios están bien, y si acepto sinceramente que van aparejadas al ser un cristiano que ora, entonces estoy listo para ir ante el Padre con mis *peticiones*. Éstas incluyen el pan diario, el perdón, y protección del maligno.

El pan diario incluye toda necesidad que tenga *en este momento* ("dánoslo hoy"), tanto si es alimento para comer, ropas para vestir, dinero para pagar las facturas, o la fortaleza para enfrentar un día difícil. El perdón se refiere al *pasado* y trata con cualesquiera cosas que Dios tenga asentado en mi registro que necesita ser borrado por completo. (1 Juan 1:9). La liberación se refiere a cualesquiera decisiones *futuras* que yo pueda tomar y que pudieran conducirme demasiado cerca de las trampas de Satanás, y hacerme vulnerable a sus ataques. Así que esas tres peticiones cubren el pasado, el presente y el futuro, y cada una de nuestras necesidades de oración puede clasificarse dentro de una de estas categorías.

El ayuno

Después que Jesús termina de dar Sus instrucciones para orar en el Sermón del Monte, explica brevemente el ayuno (Mateo 6:16-18).

El ayuno no es algo que hacemos para impresionar a la gente o para ganar algo de Dios. El verdadero ayuno brota de una preocupación interior; una carga tan grande que dejamos a un lado las actividades normales de la vida y nos concentramos totalmente en el propósito espiritual que tenemos delante.

Jesús dejó claro que el ayuno tiene que ser voluntario y brotar del corazón; tiene que ser sincero; y a menos que otros estén ayunando junto con nosotros, tiene que ser un ejercicio privado entre el creyente y Dios. Si ganamos el aplauso de otros, perdemos la bendición de Dios, y no merece la pena.

Una razón para que el verdadero ayuno sea efectivo es que hay una relación encubierta, pero dinámica entre lo físico y lo espiritual. Cuando el cuerpo es disciplinado, como durante un ayuno, el Espíritu Santo tiene la libertad de aclarar la mente y purificar las intenciones, y hacer nuestra oración y meditación mucho más poderosas. Él puede usar los tiempos de ayuno y oración para santificar nuestras vidas y glorificar al Señor.

Conclusión

Sólo hay tres temperaturas espirituales en la vida cristiana: Nuestros corazones están fríos, tibios o ardientes. La adoración es tanto el termómetro como el termostato de la vida cristiana. Si mi corazón está frío o tibio, se hará evidente por la forma en que adoro a Dios; mi adoración será rutinaria, y tendré prisa en terminar mi lectura bíblica y mi oración para seguir en mis otras actividades. Si mi corazón está cálido hacia Dios, no habrá suficiente tiempo para meditar en Su Palabra y decirle a Él todo lo que está en mi corazón.

Si quiero elevar mi temperatura espiritual, tendré que empezar por mi adoracion.

Preguntas para el estudio

1. ¿Cómo clasificarías tu temperatura espiritual: fría, tibia o caliente?

2. De las disciplinas espirituales mencionadas, ¿cuáles son evidentes en tu vida? ¿Tendrá esto algo que ver con tu temperatura espiritual?

3. No se oye hablar mucho hoy en día del ayuno. ¿Has ayunado alguna vez? Considera la posibilidad de ayunar durante un día en algún momento (si tu salud lo permite). Usa el tiempo que emplearías en comer para orar y meditar. Después que hayas hecho esto algunas veces, reevalúa tu temperatura espiritual. Puede que te tome algún tiempo para calentarte, pero ahí es donde interviene la disciplina.

Tomado de *Ser un hijo de Dios,* por Warren Wiersbe. © 1996 por Warren Wiersbe, Publicado por Thomas Nelson Publishers. Usado con permiso.

CAPÍTULO DIEZ

MI CORAZÓN: EL HOGAR DE CRISTO

POR ROBERT MUNGER

Esforzaos, y aliéntese vuestro corazón, todos vosotros que esperáis en el Señor.

Salmo 31:24

Hace muchos años escuché una historia que me dejó una marca para siempre: una historia acerca de entregarle a Cristo la vida de uno, dejándole a Él el control total. He aquí la historia, contada por un amigo mío:

Una tarde invité a Jesucristo a mi corazón. ¡Qué entrada hizo! No fue algo espectacular ni emotivo, pero sí muy real. Algo sucedió en el mismo centro de mi vida. Llegó a las tinieblas de mi corazón y encendió la luz. Encendió un fuego en el hogar y expulsó el frío. Inició una música donde había habido sólo silencio, y llenó el vacío con Su amorosa y maravillosa confraternidad. Jamás he lamentado haberle abierto la puerta a Cristo y nunca me arrepentiré.

En la alegría de esta relación recién comenzada, le dije a Jesucristo: "Señor, deseo que este corazón mío sea tuyo. Quiero que te establezcas aquí y te sientas como en tu casa. Todo lo que tengo te pertenece. Déjame mostrártelo todo".

La biblioteca

La primera habitacion era el estudio, la biblioteca. En mi hogar esta habitación de la mente es muy pequeña con paredes muy gruesas. Pero es muy importante. *En cierto sentido es la sala de control de la casa.* Él entró conmigo y miró alrededor a los libros de los anaqueles, las revistas sobre la mesa, los cuadros en las paredes. Cuando seguí con la vista Su mirada, me sentí incómodo.

Era extraño que no me hubiese sentido avergonzado de esto antes, pero ahora que Él estaba allí, mirando todas esas cosas, me sentí turbado. Sus ojos eran demasiado puros para contemplar algunos de los libros que había allí. Sobre la mesa había algunas revistas que no debía leer un cristiano. En cuanto a los cuadros en las paredes —las imaginaciones y pensamientos de la mente— algunos eran vergonzosos.

Sonrojado, me volví a Él y dije: "Maestro, sé que esta habitación necesita cambios radicales. ¿Podrías ayudarme a convertirla en lo que debería ser, y traer todo pensamiento cautivo a ti?"

"Por supuesto —respondió, y agregó—: Primero que todo, toma todas las cosas que estás leyendo y mirando que no sean útiles, puras, buenas y verdaderas, y tíralas. Después, pon en los anaqueles vacíos los libros de la Biblia. Llena la biblioteca con Escrituras y 'medita en ellas día y noche' (Josué 1:8). En cuanto a los cuadros en las paredes, te va a ser difícil controlar esas imágenes, pero aquí tengo algo que ayudará". Me dio un retrato en tamaño natural de Sí mismo. "Cuelga esto en el centro —dijo—, en la pared de la mente".

Lo hice y a lo largo de los años he descubierto que cuando mis pensamientos están centrados en Cristo mismo, Su pureza y poder hacen retroceder a los pensamientos impuros. Así que Él me ha ayudado a traer mis pensamientos cautivos.

El comedor

Del estudio pasamos al comedor, la habitación de los apetitos y los deseos. Yo gastaba mucho tiempo y energías allí, tratando de satisfacer mis deseos. Le dije a Él: "Esta es una habitación muy espaciosa. Estoy seguro de que te complacerá lo que servimos".

Se sentó conmigo a la mesa y preguntó: "¿Qué hay en el menú para comer?"

"Bueno —le contesté—, mis platos favoritos: huesos viejos, cáscaras de maíz, basura agria, puerros, cebollas y ajos, directamente de Egipto". Estas eran las cosas que me gustaban; dieta mundana.

Cuando tuvo la comida delante, no dijo palabra, pero observé que no la comía. Le pregunté: "Señor, ¿no te gusta esta comida? ¿Cuál es el problema?"

Él respondió: "Para comer Yo tengo una carne de la que tú nada sabes. Si quieres comida que de veras te satisfaga, busca la voluntad del Padre, no tus propios placeres, no tus propios deseos, no tu propia satisfacción. Busca complacerme a Mí y la comida te satisfará". Allí en la mesa me dio a probar el gozo de hacer la voluntad de Dios. ¡Qué sabor! ¡Qué nutrición y vitalidad da al alma! No hay comida como esa en todo el mundo. Es la única que satisface.

El salón

Del comedor fuimos hasta el salón. Esta habitación era íntima y cómoda. Me gustaba. Tenía una chimenea, butacas acolchadas, un sofá y una atmósfera apacible. Él dijo: "De veras que esta es una habitación muy agradable. Vengamos a menudo. Está aislada y tranquila, y podemos confraternizar juntos".

Bueno, como joven cristiano, yo estaba estremecido de emoción. No podía pensar en hacer algo mejor que estar unos minutos con Cristo en íntimo compañerismo.

Él prometió: "Yo estaré aquí temprano todas las mañanas. Encuéntrame aquí, y empezaremos el día juntos".

Así que mañana tras mañana, yo bajaba al salón. Él tomaba un libro de la Biblia del librero. Lo abríamos y leíamos juntos. Él me descubría las maravillas de las verdades salvadoras de Dios. Mi corazón cantaba mientras Él me contaba del amor y la gracia que Él me tenía. Eran horas maravillosas.

Sin embargo, bajo la presión de mis muchas responsabilidades, este tiempo empezó a acortarse. ¿Por qué? No lo sé, pero pienso que yo estaba demasiado ocupado para pasar regularmente un rato con Cristo. No fue intencional ¿entiendes? Sólo sé que así sucedió. Por último, no sólo se acortó el tiempo, sino que empecé a dejar de acudir a veces. Quizás era que surgía alguna apremiante necesidad. Faltaba a mi cita algunas veces dos días seguidos e incluso más.

Recuerdo una mañana en que corría escaleras abajo, ansioso de ponerme en camino. Pasé por frente a la puerta del salón y noté que la puerta estaba entreabierta. Mirando adentro, vi un fuego en la chimenea y al Maestro sentado allí. De repente pensé consternado: *Él es mi huésped. ¡Yo lo invité a morar en mi corazón! Él ha venido, y sin embargo, lo estoy desatendiendo.*

Me detuve, me volví y entré vacilante. Con los ojos bajos le dije: "Bendiciones Maestro, perdóname. ¿Has estado aquí todas estas mañanas?"

"Sí —contestó—. Te dije que estaría aquí cada mañana para encontrarme contigo. Recuerda que te amo. Te he redimido a un gran costo. Deseo confraternizar contigo. Aunque no puedas mantener estos ratos apacibles por tu propio bien, hazlo por el mío".

La verdad de que Cristo desea confraternizar conmigo, que Él desea que yo esté con Él y me espera, ha hecho más para transformar mis ratos apacibles con Dios que ningún otro hecho aislado. No permitas que Cristo espere solo en el salón de tu corazón, sino busca tiempo cada día, para que con tu Biblia y en oración, puedas estar junto a Él.

El taller

Al poco tiempo me preguntó: "¿Tienes un taller en tu casa?" En el sótano de mi corazón tenía un banco de trabajo y algún equipo, pero no lo estaba usando mucho. De cuando en cuando jugueteaba allí con unos pocos cachivaches, pero no hacía nada importante.

Lo llevé allá abajo. Inspeccionó el banco de trabajo y dijo: "Bueno, está muy bien equipado. ¿Qué estás haciendo con tu vida para el Reino de Dios?" Miró uno o dos juguetitos que yo había tirado sobre el banco y tomando en Su mano uno, preguntó: "¿Son estos juguetitos todo lo que estás produciendo en tu vida cristiana?"

"Bueno, Señor —respondí—. Sé que no es mucho, y de veras me gustaría hacer más, pero después de todo, no parece que yo tenga la fuerza o la habilidad para hacer más".

"¿Te gustaría tener mejores resultados?" —preguntó.

"Por supuesto" —repliqué.

"Está bien. Dame tus manos. Ahora descansa en Mí y permite que mi Espíritu obre a través de ti". Dando la vuelta y colocándose detrás de mí, puso Sus grandes y fuertes manos bajo las mías; sosteniendo los instrumentos en Sus diestros dedos, comenzó a trabajar a través de mí. Mientras más me relajaba y confiaba en Él, más era capaz de hacer con mi vida.

La sala de recreación

Me preguntó si tenía una sala de recreación adonde ir a divertirme y confraternizar. Yo abrigaba la esperanza de que no me preguntara por eso. Había ciertas actividades y asociaciones que quería mantener aparte para mí solo. Una noche cuando salía de la casa con algunos amigos, me detuvo con una mirada y preguntó: "¿Vas a salir esta noche?"

Le contesté: "Sí".

"Bien —dijo—, me gustaría ir contigo".

"Oh —contesté torpemente—. No creo que te divertirías adonde vamos. Salgamos mañana por la noche. Mañana por la noche iremos a un culto de oración en la iglesia, pero esta noche tengo otra cita".

"Lo siento —dijo—, pensé que cuando vine a tu hogar íbamos a compartirlo todo, a ser compañeros íntimos. Sólo quiero que sepas que estoy dispuesto a ir contigo".

"Bueno —musité, escurriéndome afuera de la puerta—, iremos a alguna parte juntos mañana por la noche".

Aquella velada, pasé unas horas miserables. Me sentía envilecido. ¿Qué clase de amigo era yo para Jesús, dejándolo deliberadamente fuera de mi vida, haciendo cosas y yendo a lugares que yo sabía muy bien que Él desaprobaría?

Cuando regresé aquella noche, había luz en Su habitación, y subí para hablar con Él. Le dije: "Señor, he aprendido mi lección. Sé ahora que no puedo pasar un buen rato sin ti. De ahora en adelante, lo haremos todo juntos". Entonces fuimos al salón de recreacion de la casa. Él lo transformó. Trajo nuevos amigos a mi vida, nuevas satisfacciones, nuevos gozos. La risa y la música han estado resonando por toda la casa desde entonces.

El armario del corredor

Un día me lo encontré esperando por mí en la puerta. En Sus ojos había una mirada impresionante. Cuando entré me dijo: "Hay un olor peculiar en la casa. Debe haber algo muerto por aquí. Es en los altos".

Tan pronto dijo eso, supe de qué estaba hablando. Había un pequeño armario de pared en el descanso del corredor, de sólo unos pocos pies cuadrados. En aquel armario, tras cerrojo con llave, tenía una o dos cositas personales que no quería que Cristo viera. Yo sabía que eran cosas muertas que se podrían, pero las quería mantener tan en secreto, que tenía miedo de admitir que estaban allí.

De mala gana subí con Él, y mientras subíamos las escaleras, el hedor se hacía más y más fuerte. Él señaló a la puerta. Yo estaba enojado. Esa es la única forma en que puedo describirlo. Le había dado acceso a la biblioteca, el comedor, el salón, el taller, la sala de recreación, y ahora me estaba preguntando acerca de un armario de dos pies por cuatro. Me dije para mí: Esto es demasiado. No le daré la llave.

Leyéndome el pensamiento, dijo: "Bueno, si piensas que voy a permanecer aquí adentro con este hedor, te equivocas. Me voy afuera al portal".

Entonces vi cómo empezaba a bajar las escaleras. Mi resistencia se vino abajo. Cuando uno llega a conocer y amar a Cristo, lo peor que puede sucederle es sentir que Su presencia y confraternidad se apartan de uno. Tuve que darme por vencido.

"Te daré la llave del armario, pero tendrás que abrirlo y limpiarlo Tú. Yo no tengo fuerzas para hacerlo".

Con dedos temblorosos le entregué la llave. La tomó, se dirigió a la puerta, la abrió, agarró toda la porquería que se pudría allí y la tiró lejos. Entonces limpió el armario y lo pintó. Todo estuvo listo en un momento. ¡Oh! ¡Qué victoria y liberación ver fuera de mi vida todo aquello muerto!

La cosas son diferentes desde que Jesús se estableció en mi corazón e hizo Su hogar ahí.

Preguntas para el estudio

1. ¿Hay una o más zonas de tu vida donde no has permitido que Cristo sea el dueño? ¿Cuáles?

2. ¿Por qué te aferras a esas cosas? ¿Son válidas esas razones a los ojos de Dios?

3. Tómate un momento y arrepiéntete, y pídele a Dios que tome el control de esas zonas de tu vida. Ese es el primer paso. El resto de esta sección te ayudará a mantener todas las zonas de tu vida en sumisión a Cristo.

Adaptado y condensada de *Mi Corazón: el hogar de Cristo,* por Robert Boyd Munger. Edición revisada © 1986 por InterVarsity Christian Fellowship de E.U.A. Usado con permiso de InterVarsity Press, P.O.Box 1400, Downers Grove, IL 60515.

SEGUNDA PARTE

LA TENTACIÓN

Lo realmente importante en la vida no es el evitar las equivocaciones, sino la obediencia de fe. Por la obediencia, el hombre es conducido, paso a paso, a corregir sus errores, mientras que nada sucederá nunca si no se pone en camino.

PAUL TOURNIER

Si no te rindes a Cristo, te rindes al caos.

E. STANLEY JONES

Sin dolor, no hay palmas; sin espinas, no hay trono; sin amargura, no hay gloria; sin cruz, no hay corona.

WILLIAM PENN

Obedece... toma tu cruz... niégate a ti mismo... Todo suena muy duro. Es duro. Cualquiera que diga otra cosa está difundiendo sirope espiritual analgésico, no verdadero cristianismo. Y sin embargo, de un modo paradójicamente extraño, también es fácil. Con cada cruz que levantamos en obediencia a Cristo, viene la fuerza de llevarla cargada. Siempre vienen juntas.

LOUIS CASSELS

LA VERDAD ACERCA DE LA TENTACIÓN

POR BRUCE H. WILKINSON

¿Sabes qué hay entre tú y tu próximo pecado? Algo llamado una "tentación". Por consiguiente, el momento en que tú consideras en serio tu "santidad personal" es el momento en que también tienes que encararte en serio a los "momentos de tentación". Ahora que has comenzado a conocer el asunto de la santidad bíblica en la primera parte, es tiempo de que comiences a conocer el tema de las tentaciones; qué son y cómo funcionan.

Las tentaciones son algo estratégico en tu búsqueda de la santidad personal. ¿Por qué? Como dijimos al principio de este libro, las tentaciones yacen entre tú y tu objetivo de santidad. ¿Cómo? Las tentaciones son la puerta de entrada de cada pecado. Aunque puede que no las reconozcas, fuiste tentado antes de pecar.

Supongamos que tu mejor amigo en el trabajo tiene un problema. Es cleptómano. Ya lo han sorprendido dos veces y lo han registrado una. Nunca lo has comprendido bien, pero hoy estás con él de tiendas, buscando un regalo para su esposa.

Han estado conversando y de momento notas que está sudando. Es invierno y debe haber una temperatura de 68 grados en la tienda. Así que le preguntas qué le sucede. Él se mira los pies y admite que a cada momento siente una gran tentación de robar. Admite que cada segundo libra una desesperada batalla por no robar todo lo que tiene a la vista. Y si no sale de allí en cinco minutos, va a tener un problema terrible.

¿Qué sucedió? Ambos miraron las mismas cosas. Nada te tentó a ti y todo lo tentó a él.

Pero después todo cambia. Tres semanas más tarde ambos están juntos en una conferencia de negocios al otro lado del país, muy lejos de casa. Esa noche en tu habitación, eres tú quien suda. Te prometiste a ti mismo que no volverías a ver esas películas pornográficas otra vez. Pero no puedes irte a dormir. Son las dos de la madrugada y no te han hecho efecto ni una ducha fría ni las píldoras para dormir. Tu amigo cleptómano está en la habitación de al lado profundamente dormido y no le echó ni una mirada al televisor; y ahí estás tú, acercando la mano poquito a poco al control remoto del TV. Todavía no has cedido, pero la tentación es enorme.

¿Qué está tras esas tentaciones? ¿Por qué algunas cosas tienen tanto poder sobre ti y otras, ni el más mínimo?

He aquí lo que enseña la Biblia

La Biblia revela más secretos que ninguno otro libro jamás escrito. Arranca la cáscara a todo y lo saca a la luz para que todos lo vean. ¿Sabes lo que revelan tus tentaciones? Santiago 1:14 dice claramente: "Sino que cada uno es tentado cuando es llevado y seducido por su propia pasión."

¿Cuál es la verdadera causa de esas tentaciones tan fuertes? ¿Eran aquellos artículos en las tiendas para tu amigo o las películas pornográficas para ti? Pudiera parecerlo, pero en realidad no lo son. Ni por un momento.

No es nada que esté por fuera, sino que todo está adentro. Mira cómo la Biblia revela cuál es la verdadera fuente: "cuando es llevado y seducido por su propia pasión". ¡La fuente de la tentación está dentro de ti! Una tentación puede ser una verdadera "tentación" sólo

> TOMAR TODO LO QUE SOMOS Y TENEMOS, Y ENTREGÁRSELO A DIOS PUEDE NO SER FÁCIL, PERO PUEDE HACERSE.
>
> **PAUL C. SCHERER**

si te "tienta" a ti. Si no te tienta, entonces no es más que otro artículo de una tienda o un aparato de televisión en una habitación de un hotel lejano.

El término *deseos* es el que traducimos "concupiscencia" o "lujuria" o "codicia" y aparece en los siguientes versículos, lo que ayuda a aclarar rápidamente cuál es en realidad la raíz de toda tentación:

¿De dónde vienen las guerras y los conflictos entre vosotros? ¿No vienen de vuestras pasiones que combaten en vuestros miembros? Codiciáis y no tenéis, por eso cometéis homicidio. Sois envidiosos y no podéis obtener, por eso combatís y hacéis guerra. No tenéis porque no pedís (Santiago 4:1-2).

Antes bien, vestíos del Señor Jesucristo, y no penséis en proveer para las lujurias de la carne (Romanos 13:14).

Que en cuanto a vuestra anterior manera de vivir, os despojéis del viejo hombre, que se corrompe según los deseos engañosos (Efesios 4:22).

Pero los que quieren enriquecerse caen en tentación y lazo y en muchos deseos necios y dañosos que hunden a los hombres en la ruina y en la perdición (1 Timoteo 6:9).

Amados, os ruego como a extranjeros y peregrinos, que os abstengáis de las pasiones carnales que combaten contra el alma (1 Pedro 2:11).

Mentiras justificadoras

¡Qué revelación! Puesto que las tentaciones lo son sólo por lo que está dentro de nosotros, ninguno de nosotros puede culpar a "él" o "ella" o "eso" nunca más. Al único que podemos atrevernos a culpar por esa tentación es al que yace en la concupiscencia de nuestros corazones.

Echarle la culpa a otro fuera de nosotros ha sido siempre un modo de zafarle el cuerpo a la responsabilidad que nos toca.

¿Has escuchado esas famosas palabras: "La mujer me hizo comerlo" o "La mujer que Tú me diste..." o "La serpiente me engañó y comí" o "El fruto lucía tan apetecible que no pude dejar de comerlo?"

Puedes incluso haber dicho algo como "Dios me hizo hacerlo" o "La tentacion fue demasiado grande; no pude evitarlo" o "No es culpa mía; es una debilidad de familia" o aun la vieja excusa: "El diablo me hizo hacerlo".

¿Te suena familiar? Son las mentiras normales que nos decimos a nosotros mismos cuando queremos darnos permiso para pecar. Hacemos que las "mentiras" parezcan tan lógicas en nuestra mente que no tenemos más remedio que ceder a la tentación. Estas son las "mentiras justificadoras".

Imita a Pablo

El apóstol Pablo enfrentó la tentación una y otra vez, pero aprendió una verdad importante acerca de cómo vencer esas tentaciones. En vez de creerse las mentiras, él sabía que:

No os ha sobrevenido ninguna tentación que no sea común a los hombres; y fiel es Dios, que no permitirá que vosotros seáis tentados más allá de lo que podéis soportar, sino que con la tentación proveerá también la vía de escape, a fin de que podáis resistirla (1 Corintios 10:13).

> HAY UNA FUERTE TENDENCIA A DECIR: "OH, ¡DIOS NO SERÁ TAN SEVERO QUE ESPERE QUE YO DEJE ESO!" PERO SÍ LO ESPERA; "ÉL NO ESPERARÁ QUE ANDE EN LA LUZ PARA QUE NO PUEDA OCULTAR NADA". PERO SÍ LO ESPERARÁ; "ÉL NO ESPERARÁ QUE YO TOME DE SU GRACIA PARA TODO". PERO SÍ LO ESPERARÁ.
>
> **OSWALD CHAMBERS**

¡Qué maravilla! Dios *nunca* permitirá que *tú* seas "tentado más allá de lo que podéis soportar".

Pero no para ahí. No solamente Dios jamás

permite que seas tentado más allá de lo que eres capaz de soportar, sino que siempre hace algo más: Él Mismo proporciona la vía de escape a esa tentación.

Dios siempre está a tu disposición cuando eres tentado. Siempre. No observando pasivo, sino interviniendo activamente. ¿Ves? la Biblia revela que Dios *hace* algo sólo para ti: "La vía de escape". No sólo Dios limita la fuerza de la tentación, sino que también proporciona la vía de escape fuera del alcance de esa tentación.

Ahora mira con cuidado a ese versículo. ¿Ves la magnífica palabra de dos letras? No "una" vía de escape. No "muchas" vías de escape. Sólo "la" vía de escape. Ves, el Señor revela que Él hace "la" vía de escape para ti en cada ocasión, en esa misma situación, sólo para ti. Es "la" vía de escape para "ti", durante tu hora de tentación. No sé a ti, pero esto me estremece hasta lo más hondo. Pensar que Dios —el Dios del universo— también creó para mí la vía de escape. No puede haber duda alguna acerca de esto, ¿no es cierto? Dios no quiere que yo peque, ¡y Él mismo ha hecho todo lo necesario en cada tentación para proporcionarme el escape!

Mira hacia arriba y sale

Así que la próxima vez que te sientas atrapado, sólo mira hacia arriba para encontrar la vía de escape. Estará ahí en cada ocasión. Quizás sea un paso en lo alto de la montaña, o atravesando una puerta-trampilla, o tal vez a través de un túnel cavado profundo debajo de las fuerzas atacantes del enemigo. ¿Cómo lo sé? Pues porque la Biblia lo dice: "Fiel es Dios (...) que con la tentación proveerá también la vía de escape".

Seré franco contigo. Todavía tengo sucias las uñas del último túnel que Él cavó... sólo para mí. Y quizás, sólo quizás, los siguientes capítulos te ayudarán a encontrar la vía de escape de esos deseos concupiscentes.

CAPÍTULO ONCE

BOCAS DE ACCESO ABIERTAS Y PECADOS SÚBITOS

POR MAX LUCADO

Es más fácil mantenerse afuera que salir.

MARK TWAIN

Sucede en un instante. Vas silbando por la calle, y de repente, caes con los ojos desorbitados. Satanás abre de golpe la tapa de la boca de acceso, y un inocente paseo por la tarde se convierte en una historia de horror. Indefenso te desplomas, consciente de la caída, pero incapaz de recuperar el equilibrio. Te estrellas en el fondo y miras sin ver en la oscuridad. Quedas oliendo el espantoso hedor, sentado en la alcantarilla de Satanás, hasta que él te arroja afuera y aterrizas, turulato y conmocionado, sobre la acera.

Ese es el patrón del pecado súbito. ¿Puedes encontrarle una relación contigo? Muy pocos pecados son premeditados y planeados. Muy pocos de nosotros reunimos los requisitos para el equipo de estrategias de Satanás. Nos pasamos el tiempo tratando de evitar el pecado, no planeándolo. Pero no pienses por un minuto que, sólo porque no quieres caer, no caerás. Satanás tiene un truco especial para ti, y lo utiliza sólo cuando no estás mirando.

Este cobarde padre de mentiras no se atreve a enfrentarte cara a cara. No, señor. No esperes que este demonio de demonios te desafíe a un duelo. No esta víbora. No tiene la integridad de decirte que te vuelvas y te defiendas con los puños. Él pelea sucio.

VICTORIA SOBRE LA TENTACIÓN

Es el maestro de la puerta-trampa y el autor de los momentos de debilidad. Espera a que estés de espaldas. Espera a que bajes la guardia. Espera a que la campana haya sonado y tú estés regresando a tu esquina. Entonces apunta sus dardos a tu punto más débil y...

¡Blanco! Pierdes los estribos. Te invade la lujuria. Caes. Das una fumada. Te compras un trago. Besas a la mujer. Haces lo mismo que la pandilla. Te mientes para justificarte. Dices que sí. Firmas. Te olvidas de quién eres. Entras en el dormitorio de ella. Miras por la ventana. Rompes tu promesa. Compras la revista. Mientes. Codicias. Pateas el suelo y reclamas salirte con la tuya.

Niegas a tu Maestro.

Es David desvistiendo a Betsabé. Es Adán aceptando el fruto de Eva. Es Abraham mintiendo acerca de Sara. Es Pedro negando haber conocido a Jesús en su vida. Es Noé, borracho y desnudo en su tienda. Es Lot, en la cama con sus propias hijas. Es tu peor pesadilla. Es súbito. Es pecado.

Satanás adormece nuestra conciencia y causa un cortocircuito en nuestro dominio propio. Sabemos lo que estamos haciendo y sin embargo, no podemos creer que lo estamos haciendo. En la neblina de la debilidad, queremos detenernos, pero no tenemos la fuerza de voluntad para hacerlo. Queremos volvernos, pero nuestros pies no se mueven. Queremos correr, y lastimosamente, deseamos quedarnos.

Es el adolescente en el asiento trasero. Es el alcohólico que compra "uno solo". Es el jefe que toca la mano de su secretaria. El esposo que entra en la tienda de pornografía. La madre que pierde la paciencia. El padre que golpea a su hijo. El jugador que pierde su dinero. El cristiano que pierde el control. Y es Satanás ganando un asidero.

Confusión. Culpa. Falsa justificación. Desesperanza. Todo te pega. Todo pega duro. Aturdidos, recogemos lo que queda de nosotros y tambaleantes regresamos a nuestro mundo. "¡Oh, Dios mío! ¿Qué he hecho?" "¿Debo decírselo a alguien?" "Jamás volveré a hacerlo." "Dios mío, ¿puedes perdonarme?"

Ninguno de los que leen estas palabras está libre del traicionero pecado súbito. Nadie es inmune a este truco de perdición. Este demonio del infierno puede escalar los muros más altos de un monasterio, penetrar la fe más profunda, y profanar el más puro de los hogares.

Algunos de ustedes saben exactamente lo que quiero decir. Podrían escribir estas palabras mejor que yo ¿no es así? Algunos de ustedes, como yo, han tropezado tan a menudo que el hedor del aliento de Satanás no les parece una novedad. Le has pedido perdón a Dios con tanta frecuencia que te preocupa que el pozo de la misericordia pueda secarse.

¿Quieres agudizar tus defensas un poco? ¿Necesitas ayuda para reforzar tu armamento? ¿Has tropezado y caído por la boca de acceso ya demasiadas veces? Entonces toma en cuenta las siguientes ideas:

Primero: *identifica a Satanás*. Nuestra guerra no es contra carne y sangre sino contra el mismo Satanás. Haz lo mismo que hizo Jesús cuando Satanás se le apareció en el desierto. Llámalo por su nombre. Arráncale la máscara. Denuncia su disfraz. Él aparece en el más inocente ropaje: salir una noche con los chicos, un buen libro, una película popular, una vecina preciosa. ¡Pero no permitas que te engañe! Cuando la urgencia de pecar levante su fea cabeza, míralo a los ojos y descubre al farsante: "¡Apártate de mí, Satanás!" "¡Esta vez no podrás, perro del infierno! ¡Ya he recorrido este camino antes. ¡Vuelve a la sima de donde viniste!" Cualquier cosa que hagas, no coquetees con este ángel caído. Te zarandaría como a trigo.

Segundo, *acepta el perdón de Dios*. Romanos capítulo 7 es la declaración de emancipación para aquéllos de nosotros que tenemos una tendencia a tambalearnos. Mira el versículo 15: "Porque lo que hago, no lo entiendo; porque no practico lo que quiero hacer, sino que lo que aborrezco, eso hago".

¿Suena familiar? Sigue leyendo. Versículos 18 y 19: "Porque yo sé que en mí, es decir, en mi carne, no habita nada bueno, porque el querer está presente en mí, pero el hacer el bien, no. Pues no hago el bien que deseo, sino que el mal que no quiero, eso practico."

¡Hombre, este tipo ha estado leyendo mi diario!

"¡Miserable de mí! ¿Quién me libertará de este cuerpo de muerte?" (versículo 24).

Por favor, Pablo, ¡no te detengas ahí! ¿No hay oasis en este desierto de culpa? Sí lo hay. Da gracias a Dios y respira a fondo mientras lees el versículo 25 y el versículo 1 del capítulo 8: "Gracias a Dios, por Jesucristo Señor nuestro (...) Por consiguiente, no hay ahora condenación para los que están en Cristo Jesús".

Amén. Ahí está. Lo leíste bien. Subráyalo si quieres. Para los que están en Cristo no hay condenación. Absolutamente ninguna. Reclama la promesa. Memoriza las palabras. Acepta la limpieza. Sacúdete de encima la culpa. Alaba al Señor. Y ...vigila por si ves bocas de acceso abiertas.

Preguntas para el estudio

1. ¿Cuál es el mejor modo de reconocer a Satanás cuando estás en el calor de la batalla con la tentación?

2. ¿Puedes enumerar varios modos de luchar contra Satanás una vez que lo has reconocido?

3. Caer en el pecado es fácil. Evitarlo y pedir perdón una vez que has caído es mucho más difícil. Lee 1 Juan 1:9. ¿Cuál es la promesa para quienes confiesan sus pecados?

Tomado de *Sobre el Yunque*, por Max Lucado. © 1985 por Max Lucado. Publicado por Editorial Unilit, Miami en 1996. Usado con permiso.

CAPÍTULO DOCE

EL ACOSO

POR TIM STAFFORD

No os ha sobrevenido ninguna tentación que no sea común a los hombres; y fiel es Dios, que no permitirá que vosotros seáis tentados más allá de lo que podéis soportar, sino que con la tentación proveerá también la vía de escape, a fin de que podáis resistirla.

1 CORINTIOS 10:13

♦ ¿Sabes cuál secreto infeliz encuentro más desalentador que ningún otro en mi vida? Es la sensación que siento inmediatamente después que he cedido una vez más a la tentación; después que entro en un enfurruñamiento de autocompasión o miro una revista pornográfica.

No tengo dudas del perdón. Sé que Dios quitará el pecado y me hará nuevo. Pero me pregunto si alguna vez escaparé a la tentación. Cuando se llega a eso, ¿tengo en realidad la fuerza para resistir? Puedo imaginarme fallando una y otra y otra vez.

Así que he meditado sobre la tentación, preguntándome si hay alguna clave, un secreto mágico, para resistirla, "Cediendo a Dios" o "volviéndose al Señor" son frases que han ayudado a veces. Pero he descubierto que no hay magia en las frases. No puedo volver la espalda a la tentación sólo por hacer alguna gimnasia mental.

Las "técnicas" religiosas me han dejado muy descorazonado. Pensar que tengo la respuesta. Entonces, cediendo a la tentación otra vez, sé abruptamente que no la tenía.

VICTORIA SOBRE LA TENTACIÓN

El problema es...

Tú puedes ser tentado dondequiera, en cualquier momento: en la iglesia, solo, en el desierto (de hecho, ¿dónde estaba Jesús cuando fue tentado más gravemente?). Así que ¿cómo "podrías evitar la tentación"?

En realidad no puedes. Alguna gente trata de cerrarle el acceso a la tentación en su vida. Sólo asisten a fiestas "seguras", ven nada más que películas "seguras" y tienen únicamente amigos "seguros". Se mantienen lejos de las playas y de los libros que no sean cristianos. Establecen una lista de reglas para seguirlas rígidamente, a fin de que la tentación jamás encuentre una grieta por donde colárseles. Puede que todas estas precauciones a veces sean apropiadas para mantener cerrada la puerta de la tentación. Pero cualquier solución real tiene que enfrentarse con el cerebro también. Si estás libre de tentaciones en tu propia mente, puedes vencer los problemas que los amigos y las cosas traen a tu vida.

Profundizando

Me resulta útil una analogía. La presión física, verdadera, se parece mucho a la presión de la tentación. Tú puedes "escapar" a ella sólo hasta cierto punto. ¿Piensas que un submarino, por ser a prueba de agua, puede bajar tan hondo como quiera? No puede. Aun los submarinos atómicos, fabricados lo bastante fuertes para romper los hielos del Polo Norte y pasar a través de ellos, tienen un límite de profundidad máxima. Un submarino conocido como *Triturador* excedió esa profundidad hace algunos años. Cuando la presión se hizo demasiado grande, el agua de mar rompió las pesadas planchas de acero del submarino como si hubiera sido un modelo de plástico. Los investigadores encontraron sólo pedacitos del enorme submarino. El tremendo peso del mar había aplastado su fuerte casco de acero. Eso es presión.

¿Bueno, y si, con todo, tratas de bajar más, hasta alcanzar el fondo del mar? Hay aparatos construidos especialmente para eso. Son exclusivamente para investigación; una bola de acero bajada al fondo del océano con un cable, llamada batiscafo. Adentro sólo cabe un investigador, protegido por la pesada armazón de acero. Mientras desciende, mira a través de un grueso cristal, buscando en las profundidades del océano para ver qué vida pudiera sobrevivir a semejante presión.

Él ve peces. Uno pudiera esperar que estos peces, que viven en tales profundidades, estuvieran acorazados como un tanque de guerra. No lo están. Donde el pequeño batiscafo tiene una coraza de varias pulgadas de acero para protegerlo, estos peces tienen una piel normal, de una fracción de pulgada de grueso. Nadan libres y curiosos alrededor del aparato. Algunas veces encienden luces frías. Tienen ojos enormes. Son tan exóticos como cualquier otro pez que hayas visto alguna vez. ¿Cómo pueden sobrevivir en semejante presión? Tienen un secreto: presión igual y opuesta dentro de ellos.

La armadura de Dios

En la vida real, algunos cristianos luchan contra la presión poniéndose pulgadas de coraza de acero. Se escudan del mundo exterior y se limitan dentro de un espacio muy estrecho, mirando afuera a las tinieblas. Están seguros adentro. Pero la libertad de Dios se parece más a la de los peces. Nos mantenemos en forma no con corazas de acero, sino por el Espíritu de Dios, quien nos da fuerza interior para lidiar con cada punto de presión en nuestras vidas.

Romanos 12:2, un pasaje notable de la Biblia, dice en esencia: "No os adaptéis a este mundo, sino transformaos mediante la renovacion de vuestra mente". La presión de afuera quiere que te adaptes; que seas como cualquier otro. El Espíritu de Dios contraataca eso desde adentro, a través de tu mente.

Divertido... por un tiempo

No sirve de nada repetirte que la tentación no existe. Si estás a dieta, un pedazo de pastel luce muy apetecible, y nada hay de malo en él. He oído a gente decir que el pecado no es divertido en realidad, pero eso no es verdad. El pecado es divertido... por un tiempo.

Lo que hace que la tentación no sea divertida a la larga son las cosas que vienen con ella. Puedes disfrutar un pedazo de torta hoy, pero eso significa que mañana no vas a disfrutar cuando subas a la pesa. Puede que hoy disfrutes la autocompasión, pero recrearte en ella demasiados días significará que eso será *todo* lo que tendrás que disfrutar, puesto que no tendrás más amigos. Hoy puedes disfrutar el sexo antes del matrimonio, pero ¿qué clase de actitudes y relaciones estás edificando para mañana?

Para cambiar tu mente de modo que tenga la fortaleza para resistir la tentación, necesitas apelar a lealtades más elevadas, deseos más fuertes. Resistir a la tentación es básicamente sencillo, si lo piensas. Es una decisión. Puedes revisar las opciones y decidir qué quieres hacer. El problema es que los placeres de la tentación son a menudo más obvios e inmediatos que los placeres de no ceder a ella. Además, tu mente ha sido torcida otra vez para que no siempre puedas ver con claridad lo que en realidad es bueno para ti. *Sí* que parece mejor que te quiera tu grupo de amigos a que te ame el Señor. Así que necesitas renovar tu mente; tomar contacto con lo que es realmente mejor para ti. Necesitas reentrenar tu mente para que esas recompensas se vuelvan tan obvias como las recompensas que consigues cediendo a la tentación. Quizás estos principios te ayuden en ese proceso:

1. Conoce en qué te estás metiendo. Piensa en los resultados a largo plazo de tu forma de actuar. Hoy puede ser más fácil pelearte con tu prometida y salirte con la tuya. Pero ¿qué clase de relaciones estás edificando para el futuro? Por otra parte, ¿a qué te conduce el obedecer a Dios? Si eres capaz de ver la atracción de la clase de vida que Dios quiere plantar en ti, te sentirás menos tentado a escoger algún otro placer de corto plazo. La Biblia está llena de comentarios acerca de lo buena que es la vida de Dios. Muchos de los Salmos hablan del regocijo puro de estar en contacto con Dios, obedeciéndolo, saboreando el gozo de Su mundo. Alguno de los Salmos también se enfrentan francamente a la amargura que se siente cuando ves impíos felices y exitosos sin Dios, mientras tu devoción parece no ser recompensada. Lee esos Salmos y aplícate a agradecer las ventajas de no ceder a la tentación.

2. *Remplaza los pensamientos tentadores con algo mejor.* No puedes ignorar la tentación, pero puedes llenar tu pensamiento con alguna otra cosa. Con frecuencia ayuda el orar; y no necesariamente orar pidiendo ayuda para resistir la tentación. A menudo empiezo orando por mis amigos.

Algunas veces lo mejor que puedes haces es tomar un libro interesante, llamar a un amigo, o empezar a trabajar en un proyecto. Si eres tentado a ver una película pornográfica, busca otra película en su lugar. El problema con muchas tentaciones es que están cerca e inmediatas. Si puedes postergarlas un poco y darle a tu mente un respiro para recuperarse de su pánico, estarás en mejor forma para ver el cuadro entero en perspectiva.

Patrones de rompimiento

3. *Tu mente tiende a seguir patrones. Cambia los patrones y cambiará tu mente.* En una familia, los chicos están siempre peleando por cuáles programas de TV ver. Ellos deben cambiar el patrón pensando por adelantado cuál programa mirarán y llegando a algún tipo de transacción mucho antes de que se encienda el aparato.

Para mí, el sentirme cansado con frecuencia significa sentirme deprimido. Puedo darme una charla de que no tengo derecho a sentirme tan infeliz. Pero la solución más efectiva es irme a la cama cuando estoy cansado. De alguna manera, eso le quita el drama al hecho de resistir la tentación. Me le escapo por el costado, en lugar de pasearme por la habitación orando por fuerza para resistirla.

4. *Rompe el patrón de fracaso, confesando.* Cuando le pasas revista a tus errores con otra persona, cambia tu actitud. En primera, recibes perdón, y tu mente descansa. No te deprimes ni repites tus equivocaciones por causa de la actitud de "Lo

hice una vez, ¿qué importa una vez más?" En segunda, un amigo puede ayudarte a mantener tu decisión de no volver a ceder a la tentación. Puede estar pendiente de ti, alentarte y orar por ti.

Si, por ejemplo, has dicho algo desagradable de otra persona, el admitir que lo hiciste y pedir perdón a la persona a quien le murmuraste, te hace menos propenso a volverlo a hacer otra vez. Has confrontado tu pecado abiertamente. Lo recordarás la próxima vez que sientas la tentación.

Recuerda tu identidad

5. *Por encima de todo, recuerda quién eres: un hijo de Dios, amado por Él.* Cuando te vengan pensamientos tentadores, ten en mente esto: "Yo podría hacerlo, pero ¿en realidad eso honra a Dios? Yo quiero ser leal y amante con Él, del mismo modo en que Él lo es conmigo." Mientras más entiendas el amor de Dios, más desearás acercarte a Él y ser obediente con Él. Algunas de tus tentaciones se disciparán sencillamente; empezarán a parecer estúpidas. Sus placeres serán insignificantes comparados con las cosas buenas que estás sintiendo.

Refuerza esa comprensión de tu propia identidad leyendo la Biblia y aplicando lo que dice, hablando con Dios, hablando con tus amigos, escuchando lo que los pastores y otros cristianos dicen, y sobre todo, adorando y dando gracias a Dios por lo que Él ha hecho por ti. El mensaje de Cristo es éste: Sencillamente, no tienes que actuar como antes. Eres una nueva persona con todo un nuevo modo de actuar. Tanto como Dios te ha amado, ¿cómo puedes rechazar ese amor ignorando lo que Él dice?

Tú te fortaleces cada vez que vences la tentación. Cada éxito es un ejercicio que te edifica. Mientras más sientas el gozo que Dios tiene para ti en la vida, menos apetecible te parecerá la vieja vida. Siempre habrá más tentaciones en tanto vivas en esta tierra. Pero mientras más cerca estés de Dios, menos querrás desilusionar a Dios.

Un punto más

Cada uno de nosotros tiene por lo menos un área de especial debilidad. Puede que encontremos la tentación demasiado fuerte ahí y experimentemos repetidos fracasos. Con frecuencia nos descorazonamos y nos tienta un pecado mucho peor: la desesperanza.

En esos momentos es más importante que nunca comprender la naturaleza ilimitada del perdón de Dios. No tiene límites, lo que es difícil de comprender para nosotros. Pero si tú de aferras a él, algún día comprenderás. No sólo eso, sino que algún día el área en que eres más débil se transformará en una fuerza especial.

Preguntas para el estudio

1. ¿Cuáles son los dos modos de "equiparar" la presión de la tentación?

2. ¿Qué patrones tienes en tu vida que no son agradables a Dios? ¿Cómo puedes romper esos patrones pecaminosos?

3. ¿Cuál tentación estás sintiendo continuamente que parece vencerte cada vez? ¿Cómo puedes vencer mejor esos obstáculos para andar más íntimamente con Dios?

De *Secretos infelices de la vida cristiana*, por Philip Yancey y Tim Stafford. ©1979. Publicado por Campus Life Books/Revista *Campus Life*.

CAPÍTULO TRECE

PARA DECIR LA VERDAD

POR R.C. SPROUL

Señor, ¿quién habitará en tu tabernáculo? ¿Quién morará en tu santo monte? El que anda en integridad y obra justicia, que habla verdad en su corazón. El que no calumnia con su lengua.

SALMO 15:1-3

¿Cuál es la virtud más importante de la vida cristiana? Hacer una pregunta así es sumergirse en un abismo de casi imposible confusión. Toda virtud es importante, e intentar escoger la más importante de todas parece un esfuerzo fútil. De inmediato pensamos en las palabras de Pablo considerando la fe, la esperanza y el amor; la cual el apóstol no duda en clasificar en importancia cuando dice: "El mayor de todos es el amor".

Cuando Santiago habla de la prioridad de la virtud dice: "Y sobre todo hermanos míos, no juréis (...) antes bien, sea vuestro sí, sí, y vuestro no, no". Con seguridad para Santiago era un asunto de suma prioridad que la palabra del cristiano sea confiable y fidedigna. Detrás de esta preocupación yace todo el ámbito de la preocupación bíblica por la santidad de la verdad. Dios mismo es la fuente de toda verdad y Su Palabra es verdad. Su Hijo encarnado es la misma encarnación de la verdad.

La desusual acusación de la Escritura contra la humanidad caída puede verse en la triste conclusión de que "todo hombre es mentiroso" (Salmo 116:11). Este es un pecado endémico para la naturaleza humana caída y uno que no se cura instantáneamente por regeneración. Es el rasgo del carácter que claramente nos distingue de Dios. Dios es un cumplidor del pacto; no habla falsedades. Nosotros somos quebrantadores del pacto, diseminando mentiras aun en nuestras promesas.

Satanás es quien es llamado "padre de mentiras". Tristemente, él ha engendrado muchos hijos. En cuanto a esto, todos somos por naturaleza sus descendientes. Fue la serpiente en el Edén la que profirió la primera mentira: "No moriréis (...) y seréis como Dios" (Génesis 3:4-5). Por aquella mentira la raza humana fue seducida y sumergida en la corrupción. No es poca cosa que la ruina de la rectitud original fuera provocada por una mentira. La mentira fue el catalizador para el cambio de la rectitud original al pecado original.

El juicio de Dios sobre el mentiroso está dado. Apocalipsis 21:8 declara que todos los mentirosos tendrán su parte en el lago de fuego. Allí declara que el destino del mentiroso es el infierno. Si eso significa que todo el que alguna vez haya dicho una mentira terminará en el infierno, entonces todos nosotros estamos destinados a la perdición.

Decir una sola mentira, incluso una sola vez, hace a una persona mentirosa. Puesto que la Escritura afirma que todos los hombres son mentirosos, parecería sugerir que todos perecerían. Pero la Escritura no llega a esa conclusión. Nuestros embustes están cubiertos por la expiación. Pero esta gracia no es una licencia para mentir con impunidad. La mentira significa una grave ofensa contra Dios y nuestro vecino. Persistir en mentir no es consecuente con la santificación, y la persona que se caracteriza por el hábito de mentir no es cristiana.

Sin embargo, los crisitanos mienten y a menudo con gran facilidad. Mentimos cuando fracasamos en cumplir nuestra palabra. Cuando decimos que haremos algo y después no lo hacemos, mentimos. Cuando decimos que no haremos algo y después hacemos la misma cosa que dijimos no haríamos, mentimos.

El verano pasado tuve que dar dos viajes al norte que estaban planeados a diez días uno del otro. Pensé simplemente quedarme en el norte durante todo el período, en vez de volver a casa en el ínterin. Pero hacerlo hubiera significado que estaría ausente de casa en el cumpleaños treinta cinco de mi hija. Ahora bien, que un padre no asista al cumpleaños treinta y cinco de su hija pudiera no parecer una gran calamidad como perder su octavo o noveno, pero mi decisión de regresar a casa era "sin pensarlo" por razones históricas. Cuando mi hija era más joven, yo estuve ausente en muchos de sus cumpleaños. Cada uno de los que me perdí fue porque estaba ausente por razones "importantes". Cada vez ella me decía: "Papi, me lo prometiste". Papi prometía y Papi no cumplía esas promesas. Y Papi todavía se siente perseguido por el dolor que le causó a su hija entonces.

En la corte el testigo es "juramentado". Se le requiere jurar para "decir la verdad, toda la verdad y nada más que la verdad" bajo pena de perjurio si se quebranta el juramento. Este es un fenómeno extraño que se ha hecho necesario porque podemos mentir mediante las medias verdades. La verdad a medias es un truco preparado para engañar mientras que técnicamente se dice verdad, y por lo tanto despistar al oyente. Así que es la verdad mezclada la que añade la cruz del engaño al pedazo de verdad que es distorsionada por él.

Recuerdo haber corrido para salir por la puerta cuando sonaba nuestro teléfono para que mi esposa pudiera decirle a la persona que llamaba que yo "no estaba". Era una argucia planeada para inclinar la verdad y buscar refugio en la verdad a medias, que en realidad era una mentira.

Una mentira puede dañar, y con frecuencia destruir las relaciones. Tenemos muchos más conocidos que amigos. Escogemos muy cuidadosamente a nuestros amigos. Buscamos amigos que comparten nuestras preocupaciones, nuestros gustos y disgustos, etcétera, pero sobre todo, queremos amigos íntimos en quienes podamos confiar hasta nuestras propias vidas. El mentiroso crónico tiene pocos amigos. Nadie quiere confiar su vida a alguien cuya palabra no es confiable.

El doctor John Gerstner, quien una vez señaló: "Prefiero morir que mentir", contó la historia de haber contratado a un hombre para que le hiciera unas pequeñas reparaciones. El hombre dijo que llegaría a cierta hora para hacer el trabajo. El doctor Gerstner arregló su agenda para estar en la casa a la hora señala. El trabajador no se presentó. Aquella noche el doctor Gerstner lo llamó. El trabajador le explicó que se le había presentado la oportunidad de hacer un trabajo mucho más remunerativo y prometió hacer el trabajo al día siguiente. El doctor Gerstner declinó la oferta y contrató otro trabajador cuyo sí fuera sí.

Esta clase de cosas suceden regularmente. Las citas que no se cumplen. La promesa que no se paga. La factura que no se paga a tiempo.

Quizás la peor mentira y la más dañina que decimos no es la que le decimos a alguien, sino la que hablamos de alguien. Esta es la calumnia y el falso testimonio que el noveno mandamiento prohíbe explícitamente. Esta es la mentira que le roba a una persona su reputación y mancha su buen nombre. La calumnia es el negocio de Satanás, cuyo preciso nombre significa "calumniador". Su pasatiempo favorito es difamar al pueblo de Dios.

En cuanto a los cristianos, tenemos que comprender que es mucho mejor que nos mientan antes que mentir, sufrir promesas rotas antes que romperlas, y ser difamados que difamar. Hemos de proseguir buscando la verdad y no dar lugar a la falsedad.

Preguntas para el estudio

1. ¿Por qué era una prioridad para Santiago que la palabra de los cristianos fuera verdadera?

2. ¿Estás de acuerdo con Santiago en que es de la mayor importancia que "tu sí sea sí"? ¿Practicas esta creencia en tu vida?

3. ¿Estarías dispuesto a jurar para "decir la verdad, toda la verdad y nada más que la verdad" si fueras llamado como testigo en un juicio? ¿Estás dispuesto a hacer el mismo juramento para ser testigo de Cristo cada día?

Reimpreso de la edición de junio de 1997 del *Sobremesa* con permiso de Ligonier Ministries, Inc. P.O. Box 547500, Orlando, FL 32854.

CAPÍTULO CATORCE
LA CÓLERA

POR PATRICK MORLEY

"Yo pierdo los estribos, pero se me pasa en seguida", dijo el estudiante. *"Así sucede con la bomba de hidrógeno"*, repliqué. *"Pero ¡piensa en el daño que causa!"*

GEORGE SWEETING

Dan y su esposa, Shirley, regresaban en auto a su casa de una cena de bienvenida una noche. Las calles de Baltimore estaban atestadas de tránsito. Cuando Dan disminuía la velocidad por una luz roja, un conductor de taxi se interpuso para colocarse en el poco espacio delante del auto de Dan.

Dan se apoyó en el claxon y empezó a gritar insultos al taxista, pero la luz cambió a verde y el conductor salió aprisa. Dan decidió darle una lección al taxista y empezó a perseguirlo por la calle, sonando la bocina y gritándole y manoteando.

Por fin el taxista se detuvo en una luz roja y Dan se bajó para pasar por al lado de la puerta del pasajero del taxi. Despotricaba y desbarraba, pero la ventanilla del taxi estaba cerrada. Después de alrededor de 30 segundos, el taxista bajó el cristal y preguntó muy secamente a Dan: "¿Qué tú quieres que yo haga, morirme?"

¿Qué es lo que realmente te encoleriza? No hace mucho yo salía del centro comercial donde compramos y vi a un hombre maltratando de palabra a su hijo de siete años. Su tímida esposa, con un bebé cargado, miraba con el rostro congelado de miedo. De repente, sin avisar, el padre levantó el brazo y golpeó al hijo en la cara.

VICTORIA SOBRE LA TENTACIÓN

El niño comenzó a llorar, la madre se puso histérica y yo me sonrojé de ira ante la injusticia hasta que pensé que las venas de mi cuello iban a estallar. Nada me indigna más que ver a un padre pegarle a su hijo con el puño cerrado.

El problema

¿Cómo contestas la pregunta: "¿Qué te encoleriza?" Me pregunto si, como yo, pensaste en una ocasión en que la justa ira hirvió dentro de ti, o si a tu mente vino la imagen de un momento en que estuviste enojado porque no te pudiste salir con la tuya.

Ocasionalmente nos airamos por una causa justa, pero noventa y nueve por ciento de los ejemplos que yo hubiera podido citar no me hubiesen favorecido mucho.

La cólera vive tras las puertas cerradas de la mayoría de nuestros hogares. Personalmente, jamás he perdido los estribos en la oficina. No desearía nunca que mis colegas pensaran que yo no podría controlarme. Pero raramente pasa una semana en la cual las chispas de la vida familiar no proporcionan buena leña para un devorador incendio de ira.

Representamos un buen teatro en la oficina y en nuestras reuniones sociales, pero el modo en que te comportas detrás de las puertas cerradas de tu castillo privado, es como tú eres en realidad. Al final de un largo y duro día de trabajo, cuando levantas el puente levadizo de tu castillo privado, tu familia tiene que vivir con quién eres *en realidad*.

La ira destruye la calidad de nuestras vidas personales, nuestros matrimonios y nuestra salud. Las palabras coléricas son como flechas disparadas desde el arco de un arquero: imposible hacerlas retroceder. Una vez disparadas, mientras se dirigen al blanco, no pueden recogerse, no puede deshacerse el daño que causan. Como las flechas del arquero, nuestras palabras airadas perforan como una hoja afilada, despedazando el corazón de su blanco.

Cuando la cólera perfora el corazón del hogar, la sangre de la vida de nuestra familia empieza a derramarse. Puede que notes que una secretaria parece encontrarte atractivo. Piensas en que tu esposa no parece apreciarte ya. Nunca se te ocurre que puedas ser tú, que si esa secretaria supiera cómo eres de verdad —el colérico tipo que vive secretamente tras las puertas cerradas de tu hogar— le parecerías tan deseable como una goma ponchada.

¿Qué nos encoleriza que no debería?

Siete razones para la cólera se despiertan en nuestra naturaleza pecadora y obstaculizan nuestros esfuerzos de vivir por el Espíritu. En una vida completamente rendida al Señorío de Jesucristo, esas siete razones para la ira son oportunidades de encolerizarnos, o de confiar en Dios en otra área más de nuestras vidas.

1. Violación de derechos. Todo el mundo considera que tiene ciertos derechos. En el nivel físico, todos sentimos que tenemos ciertos derechos de "espacio". Los psicólogos nos dicen que consideramos privada una zona de 18 pulgadas delante de nuestro rostro. Si se invade este espacio, se provoca la ira.

También sentimos que tenemos otros derechos: trato cortés, libertades constitucionales, el derecho a ganarnos la vida y criar una familia como creamos conveniente. Cuando se violan nuestros derechos, nos encolerizamos. Proverbios 19:11 nos dice: "La discreción del hombre le hace lento para la ira, y su gloria es pasar por alto una ofensa".

2. Desengaño por su posición en la vida. Muchas personas se amargan con una cólera sorda cuando empiezan a sospechar que su "ostra" no tiene la perla que ellos deseaban. Muchos de nosotros necesitamos aceptar nuestra porción en la vida porque proviene del Señor, siempre y cuando hayamos sido fieles con nuestros dones.

Para otros, Proverbios 19:3 deja las cosas claras: "La insensatez del hombre pervierte su camino, y su corazón se irrita contra el Señor". En la cima hay menos espacios que hombres que aspiran a llenarlos. Si no estamos contentos con lo que tenemos, el asunto no es conseguir más, sino aprender a contentarnos con nuestras circunstancias.

3. *Objetivos bloqueados.* El fijarnos y conseguir objetivos realísticos puede ser una gran fuente de satisfacción personal. Todo el mundo se fija objetivos, aunque algunas personas no están conscientes del proceso. Cuando se nos bloquea la consecución de nuestros objetivos, sea para una buena causa o no, frecuentemente reaccionamos con ira.

El Salmo 37:5-8 nos da la mejor fórmula para fijar objetivos y reaccionar cuando quedan bloqueados:

> Encomienda al Señor tu camino, confía en Él, que Él actuará; hará resplandecer tu justicia como la luz, y tu derecho como el mediodía. Confía callado en el Señor y espérale con paciencia; no te irrites a causa del que prospera en su camino, por el hombre que lleva a cabo sus intrigas. Deja la ira y abandona el furor; no te irrites, sólo harías lo malo.

4. *Irritaciones.* Las pequeñas irritaciones de la vida con frecuencia parecen pesar más sobre nosotros que nuestros verdaderos dilemas. "Ella aprieta el tubo de pasta de dientes por la boca, pero yo lo aprieto desde el fondo". "¡Billy! ¡Cuántas veces tengo que decirte que no rebotes la pelota dentro de la casa!"

Nada me resulta más irritante que una camisa pegajosa en un caluroso día de verano. Sabes a qué me refiero: esos días en que te montas en un auto que está más caliente que un horno. En un momento las gotas de sudor te corren por la cara, y la camisa se te empapa en minutos. Cuando llegas al lugar adonde ibas, te bajas del auto, pero la camisa se te queda pegada en el asiento del auto.

Eclesiastés 7:9 te exhorta: "No te apresures en tu espíritu a enojarte, porque el enojo se anida en el seno de los necios".

5. *Sentirse incomprendido.* Hace muchos años escuché al doctor Henry Brandt decir algo que me causó una impresión indeleble: "La otra gente no crea tu espíritu, solamente lo revela". Cuando me siento herido en mis sentimientos, y comienza a hervir la ira dentro de mí, tengo que confesar que no es la otra persona la que me encoleriza, sino que sólo está revelando el enojo que ya estaba ahí, acechando debajo de la superficie de mis pensamientos conscientes.

La cólera

Con frecuencia pensamos que las personas no nos comprenden: nuestros sentimientos, nuestras actitudes, nuestras capacidades, nuestras posibilidades. Probablemente no. Pero el celebrar una "orgía de autocompasión" y encolerizarnos, no nos ayuda a resolver la incomprensión.

Benjamín Franklin comentó: "La cólera nunca aparece sin razón, pero rara vez con una buena".

6. *Expectativas irreales.* Yo espero que los extraños queden mal conmigo. Pero cuando mis amigos cristianos lo hacen, puedo ponerme muy incómodo. El problema es que a menudo fijo expectativas irrealmente altas para mis amigos y mi familia. ¡Tendrían que ser perfectos para vivir de acuerdo a algunas de mis expectativas!

Con frecuencia no dejamos suficiente "margen de holgura" en lo que esperamos de nuestros seres queridos. Pero todo el mundo tropieza —incluso nosotros— y es preciso que dejemos algún margen de holgura en la fórmula de nuestras expectativas. "Sea quitada de vosotros toda amargura, enojo, ira, gritos, maledicencia, así como toda malicia. Sed más bien amables unos con otros, misericordiosos, perdonándoos unos a otros, así como también Dios os perdonó en Cristo" (Efesios 4:31-32).

7. *Patológico/psicológico.* Hay ocasiones en que un hombre tendrá un problema con la ira debido a una enfermedad o desorden emocional. Un hombre de quien abusaron cuando era niño, tiene una probabilidad estadística más alta de tener el mismo problema de cólera que su propio padre.

Un hombre cuyas frecuentes e intensas erupciones de cólera desajustan permanentemente a los miembros de la familia —o peor, causan que en un estallido de ira le pegue a miembros de su familia con el puño cerrado— deberá buscar consejo profesional.

Francamente, la mayor parte de nuestro enojo termina como pecado. Las siete razones para la ira que acabamos de revisar tienen dos características comunes: *egoísmo* e *impaciencia*. Somos tan felices como alondras cuando la gente está de acuerdo con nosotros, nos dejan salirnos con la nuestra y nos dan lo que queremos. Pero no siempre otros ven las cosas como nosotros, y nuestro egoísmo e impaciencia con frecuencia conducen a estallidos coléricos. Por supuesto que hay momentos en que la ira está justificada.

¿Está justificada la ira alguna vez?

Por lo regular, lo que nos encoleriza son cosas como que nuestra suegra llame cuando la familia se está sentando a la mesa para cenar, un compañero de trabajo que siempre llega tarde, o el auto pequeño que se cuela en el espacio delante de nosotros cuando disminuimos la velocidad por una luz roja.

Cuando presenciamos una injusticia contra otra persona, una cólera controlada, enfocada —justa indignación— puede obrar en favor de un resultado positivo. Cuando el hedor del prejuicio y la discriminación llega a nuestra nariz, la ira contra la injusticia consume a los hombres rectos con una pasión por corregir los males que han percibido. La grandeza de nuestro país descansa en los cimientos de nuestro odio a la injusticia.

La traición de un amigo, cuando se ha hecho con malicia, es una justa causa de cólera. Un secreto contado en confianza que es traicionado parece suficiente razón para encolerizarse. O una falsedad divulgada como rumor que amenaza nuestra reputación parece una justa causa para que hierva nuestra cólera.

Incluso así, debemos enfocarnos en evitar el enojo. "El necio da rienda suelta a su ira, pero el sabio la reprime" (Proverbios 29:11). Debemos guardar nuestra cólera bajo control y ser pacientes. "Mejor es el lento para la ira que el poderoso, y el que domina su espíritu que el que toma una ciudad" (Proverbios 16:32).

¿Qué sucede cuando nos airamos?

Mi hijo de ocho años es un jovencito ideal. Sin embargo, hace poco había estado derramando su leche con chocolate. Una noche en la cena volcó un vaso de 16 onzas lleno, que salpicó por todas partes. En un arranque de mal genio, me fui al dormitorio como un chiquillo malcriado, y me negué a regresar a la mesa de comer.

"El hombre pronto a la ira obra neciamente" (Proverbios 14:17). Cuando nos encolerizamos, corremos el riesgo de hacer muchas tonterías. Por supuesto, esto sucede más a menudo en la casa, tras las puertas cerradas, cuando hemos levantado por esa noche el puente levadizo de nuestro castillo privado.

Nuestra ira tiene sus propias consecuencias. "El hombre de gran ira llevará el castigo, porque si tú lo rescatas, tendrás que hacerlo de nuevo" (Proverbios 19:19). Nuestra compañía una vez tenía un ejecutivo que se encolerizaba a la menor provocación. Tenía aterrorizadas a las secretarias, y los otros ejecutivos lo detestaban.

Yo continuaba perdonándolo y olvidando, hasta que por fin me enteré del impacto que su ira tenía. Parecía que había alejado a la mayoría de los agentes arrendatarios de la ciudad, de quienes dependemos mayormente para arrendar nuestros edificios. La gota que desbordó la copa fue cuando supe que estaba "mordiendo" a los inquilinos que llamaban para solicitar reparaciones de rutina.

Una mañana lo llamé a mi oficina y le dije: "Fred, yo te quiero, de verdad. Pero la parte comercial de nuestra relación ha llegado a su conclusión natural. Estás despedido".

El hombre iracundo tiene que pagar su castigo. El hombre colérico a quien rescatan, tendrá que ser rescatado otra vez.

Preocupaciones de salud

Otro resultado de nuestra ira se relaciona con la salud. Los médicos estiman que la tensión emocional provoca más de sesenta por ciento de todas las enfermedades. La cólera causa que las gládulas adrenales, las tiroides, y la pituitaria segregen toxinas en nuestro torrente circulatorio. Nuestra ira (y nuestro miedo) causa ataques cardíacos, embolias, arteriosclerosis, presión alta, úlceras, y muchas otras enfermedades mortales.

¿Cuándo es pecado la cólera?

Usualmente. Por lo regular, la ira se abre paso hasta llegar al pecado. "Mis amados hermanos (...) que cada uno sea pronto para oír, tardo para hablar, tardo para la ira, pues la ira del hombre no obra la justicia de Dios" (Santiago 1:19-20). Cuando somos pacientes hay paz, pero cuando estamos enojados, encendemos la ira de los demás. Antes de que nos demos cuenta de lo que sucede, nuestro comentario acerca de la fea corbata de otro tipo, ¡crece hasta cuestionar la herencia de nuestra madre!

La mejor guía para la cólera se encuentra en Efesios 4:26-27,

"Airaos, pero no pequéis; no se ponga el sol sobre vuestro enojo, ni deis oportunidad al diablo". En este pasaje encontramos tres poquitos de sabiduría: Primero, contrólate y no peques en tu cólera. Segundo, nunca te vayas a la cama airado. Debemos ir de rodillas, perdonar y pedir perdón. Tercero, cuando sentimos ira, está en riesgo nuestro dominio propio. El diablo puede ver una hendija en la puerta y encontrar un asidero. Nunca dejes que el sol se ponga y permanezcas enojado. Es entonces cuando la cólera se convierte en pecado.

Reaccionando a la tentación de la cólera

He aquí algunas guías bíblicas de cómo reaccionar a la tentación de pecar en tu ira.

- *Mantener el control.* "El necio da rienda suelta a su ira, pero el sabio la reprime" (Proverbios 29:11).

- *Pasar por alto las ofensas.* "La discreción del hombre le hace lento para la ira, y su gloria es pasar por alto una ofensa" (Proverbios 19:11).

- *Evitar los hombres coléricos.* "No te asocies con el hombre iracundo, ni andes con el hombre violento, no sea que aprendas sus maneras, y tiendas lazo para tu vida" (Proverbios 22:24-25).

- *Aplaca la ira.* "La suave respuesta aparta el furor, mas la palabra hiriente hace subir la ira" (Proverbios 15:1).

Conclusión

Los hombres con frecuencia se encolerizan por egoísmo e impaciencia, antes que por la indignación que le produce la injusticia hecha a otros. Los hombres se enojan cuando no debieran por las siete razones que describimos antes. La única vez en que nuestra ira está justificada es cuando, controlados, reaccionamos constructivamente a una injusticia o a una traición.

¿Eres tú un hombre iracundo? ¿Te has estado convenciendo de que eres un tipo muy bueno porque en la oficina todo el mundo te quiere? Recuerda: Tú eres en realidad tal como te comportas detrás de las puertas cerradas de tu castillo privado. Ese es el hombre que, junto conmigo, debe releer este capítulo.

Si eres un hombre iracundo y te gustaría vencer tu pecado de cólera, saca aparte las razones para tu ira de la lista de siete razones para la cólera que damos al principio del capítulo. Pídele a Dios que te revele la profundidad de tu pecado en el área de la cólera. Pídele a Él que te perdone por tu pecado de ira y te cambie en un hombre paciente y sin egoísmo.

La próxima vez que sientas que empieza a hervir tu sangre, pregúntate: "¿Me estoy encolerizando por una razón *egoísta*? ¿Me estoy enojando porque soy *impaciente*?" Si es así, *pospón el decir o hacer cualquier cosa*.

Finalmente, ve a esos a quienes has lastimado con tu cólera y pídeles perdón. Si los has herido profundamente, puede que no respondan enseguida. Está bien. Mientras tú cambias, ellos reaccionarán a la nueva persona en que te has convertido. ¿Qué puede despertar más entusiasmo que el prospecto de restaurar tu hogar, convirtiéndolo de una cámara de torturas en un castillo?

Preguntas para el estudio

1. Lee Efesios 4:26-27. ¿Cuándo la ira se convierte en pecado?

2. ¿Cuál es tu motivo de queja perenne que realmente te saca de quicio? ¿Crees que tu ira es una reacción apropiada?

VICTORIA SOBRE LA TENTACIÓN

3. ¿Alguna vez has estallado con tu esposa u otro miembro de la familia? ¿Estaba bien esa reacción? ¿Cómo debiste haber reaccionado?

Tomado de *El hombre en el espejo*, por Patrick Morley. © 1997 por Patrick Morley. Usado con permiso de Zondervan Publishing House. Disponible llamando al 1-800-727-3480.

CAPÍTULO QUINCE

PRESIONES DEL TRABAJO

POR GARY ROSBERG

El trabajo es la cosa más grande del mundo, así que debemos siempre guardar algo de él para mañana.

DON HEROLD

Los hombres que están leyendo este libro, igual que tú trabajan en todos los empleos imaginables. Son obreros, vendedores, maestros y pastores. Puede que trabajen en una granja o haciendo cálculos en una computadora. Los hay trabajadores por cuenta propia, desempleados o retirados de su empleo. Son médicos que nos tratan cuando enfermamos, consejeros que componen corazones heridos, mecánicos que reparan máquinas rotas. Algunos están en su primer empleo y otros, ya han perdido la cuenta de cuál es.

Pero hay una cosa que todos tenemos en común: fuimos diseñados por nuestro Padre celestial para trabajar. Estamos llamados a trabajar; ha sido así desde el comienzo de los tiempos. ¿Recuerdas la escena original? "Y plantó el Señor Dios un huerto hacia el oriente, en Edén, y puso allí al hombre que había formado (...) El Señor Dios tomó al hombre y lo puso en el huerto del Edén, para que lo cultivara y lo cuidara" (Génesis 2:8,15).

Nosotros los hombres hemos estado en sociedad con Dios desde el principio, y Él desea que trabajemos a fin de proveer para nuestra familia. El trabajo es bueno. El trabajo está en el plan de Dios. El Salmo 104:22-23 nos da el panorama eterno: "Al salir el sol (...) Sale el hombre a su trabajo y a su labor hasta el atardecer".

VICTORIA SOBRE LA TENTACIÓN

Así que si el trabajo es bueno y correcto y necesario, ¿por qué tantos hombres quedan atrapados y pierden la perspectiva adecuada de un equilibrio saludable entre el trabajo y sus hogares?

Algunas veces es porque no reaccionamos a las señales de peligro.

El peligro

Hace poco, viajando por la carretera Interestatal 80, vi luces que parpadeaban más adelante. Había barricadas colocadas en el camino, dando un amplio margen de advertencia por una construcción en la vía. Cuando me aproximaba al lugar, vi hombres y mujeres que trabajaban duro bajo el calor del sol del verano mientras miles de autos pasaban por su lado cada día.

Los conductores habían sido advertidos de que disminuyeran la velocidad y estuvieran alertas. Sin embargo, algunos autos estaban pasando demasiado aprisa, poniendo en peligro la seguridad no sólo de los trabajadores sino de otros automovilistas. Algunos de los conos que marcaban las sendas —puestos allí para alejar los autos del equipo y los trabajadores— habían sido derribados.

Todos los elementos del peligro esetaban presentes: demasiada velocidad, trabadores vulnerables a los elementos, presiones para terminar el trabajo rápido y tránsito excesivo.

Suena parecido a nuestras carreras profesionales, ¿verdad? Nos movemos rápido, a grandes velocidades, tratando de hacer más y más en menos y menos tiempo, dinero y mano de obra. Los trabajadores son vulnerables a toda suerte de elementos: política de la oficina, reducciones, tentaciones sexuales, falta de entrenamiento, competencia excesiva. ¿Hay presiones para tener hecho el trabajo a tiempo? Sí, probablemente como la experimentaste ayer mismo y aun hoy. ¿Y qué me dices del tránsito excesivo? Si vives y trabajas como yo, te enfrentas a eso cada día. Las exigencias de las llamadas telefónicas, los presupuestos, las fechas de vencimiento de los proyectos, el choque de personalidades, los objetivos contradictorios... escoge lo que quieras. Nuestros puestos de trabajo necesitan señales de peligro tanto como la carretera I-80.

He aquí la primicia: Para la mayoría de nosotros, nuestro trabajo por sí mismo no es peligroso. Pero el trabajo sin equilibrio es peligroso tanto para nuestra salud como para la salud de nuestra familia.

Por supuesto que necesitamos trabajar. "Pero si alguno no provee para los suyos, y especialmente para los de su casa, ha negado la fe y es peor que un incrédulo" (1 Timoteo 5:8). No podía aclararse más. Si no proveemos para nuestras familias, tenemos problemas. Dios nos llama a proveer. Nuestra función es proveer materialmente para nuestras familias.

¿Qué significa eso? Para algunos es un techo sobre nuestras cabezas, alimento, ropa adecuada. Para otros, es pantalones a la moda, viajes a Disneyland durante las vacaciones, ropa de diseñadores, todo lo mejor. Este capítulo no está planeado para contestar la pregunta: "¿Cuánta provisión es suficiente?" Sino que está planeada para, como hombre, hacerte esta pregunta: "¿Estás tan enfrascado en la provisión *material* que estás fracasando en darle la provisión *emocional* que tu esposa y tus hijos necesitan?"

La provisión emocional significa no sólo que las lucen estén encendidas, sino que también haya alguien en casa. Quiere decir que además de proveer materialmente, tú guardes energía suficiente para invertirla en las necesidades personales de tu familia. Significa ser generoso con tu tiempo, tu afecto, tu sabiduría, tu compañerismo. No quiere decir que no trabajes duro. Significa que guardes lo bastante de ti para vincularte de corazón a corazón. La tarea no termina cuando traes a la casa un cheque de pago, no importa cuán grande sea.

Equilibrio

Dios nos creó para trabajar, pero ese trabajo tiene que estar en equilibrio. Quizás lo tengas en equilibrio. Estás realizado en tu empleo, pero eso no es el eso-es-todo y ya-está-todo de tu existencia. Tienes una perspectiva adecuada, sabiendo que alguien estaba haciendo el trabajo antes que tú y alguien lo seguirá haciendo cuando te vayas. Puede que seas muy original y tengas mucho éxito, pero tu identidad no está definida únicamente por el mercado.

O tal vez te estás percatando de que esta área de vida está desequilibrada. Quizás estás trabajando en dos empleos para llegar a fin de mes. Puede que estés haciendo la labor de un asistente de un jefe sólo para proveer para tu familia. O tal vez tu trabajo no tiene equilibrio porque es el único lugar donde te sientes realizado. Haces tu trabajo bien y el irte a casa sólo te trae la tensión de una familia fragmentada. Te encuentras quedándote en la oficina unas pocas horas o noches más que nunca antes, y sientes que tu familia se está alejando de ti.

O quizás te niegas a admitirlo. Una vez vi una camiseta con un letrero que decía: "Negación. No es un río en Egipto". Todo el mundo —desde tu esposa e hijos y padres hasta el perro de la familia— sabe que tu plan de trabajo está desequilibrado. Claro, todo el mundo menos tú. Te lo han dicho, pero no has escuchado. Has cerrado el canal de recibir porque en lo hondo tienes miedo de oír la verdad. Y hasta que se declare una crisis, probablemente sigas con el mismo patrón.

Equilibrio en tu vida de trabajo no quiere decir que no trabajes horas extra de cuando en cuando. Todos lo hacemos. No quiere decir que no te esfuerces y seas lo mejor que puedas en tu carrera. Todos deseamos procurar la excelencia. Lo que significa el equilibrio es que tú te hagas las preguntas duras, y estés dispuesto a escuchar a quienes tú conoces y que te aman.

Cuando tú vuelves a casa noche tras noche tan exhausto que no te queda nada para tu familia, pregúntate si estás en un patrón destructivo. Cuando tus hijos dejen de hablarte de la escuela, sus problemas o momentos de diversión, pregúntate si no estarás desequilibrado. Cuando te hayas perdido la cena con la familia tres veces esta semana, y no puedas recordar cuándo fue la última vez en que viste a tu hijos jugar pelota, y no puedas recordar cuál instrumento toca tu hija, pregúntate si no habrás traspasado el límite.

El equilibrio no es una trampa, sino una protección —la protección de Dios— para que ganemos en nuestros hogares y crucemos la línea de la meta con nuestras esposas e hijos.

Estos son tiempos muy duros para los hombres. Están tirando de nosotros desde los dos lados. Por una parte, estamos tratando de mantener el equilibrio para tener éxito como

Presiones del trabajo

esposos y padres. Por la otra, el mercado donde estamos tratando de sobrevivir se está volviendo más y más competitivo. Muchas compañías se están reduciendo. Muchos hombres están perdiendo sus empleos, y muchos más están ansiosos por miedo de perder el suyo. Muchos que se las arreglan para mantener un trabajo estable se enfrentan con un salario muy bajo. A todos se nos pide que hagamos más con menos en nuestros negocios, y sentimos el apretón. A todo esto se añade la presión indeseada de los hombres comprometidos a guardar sus corazones en el mercado.

Nuestras familias y nuestra cultura exige que encontremos el equilibrio. Si no lo logramos, vamos a perder a nuestra familia. Siempre podremos encontrar otro empleo, pero remplazar tu familia es algo muy diferente.

Nuestro trabajo tiene su propia tensión inherente, estando planeado para llenar nuestras propias necesidades así como las necesidades de nuestras familias, nuestros empleadores y nuestro Señor. Quizas pienses que estas necesidades te empujan desde todos lados, dejándote en un gran aprieto. Si sientes esta tensión, echa un vistazo a estas tres líneas absolutas:

Primero, ¿es tu trabajo agradable a Dios? No sólo el trabajo en sí, sino la forma en que trabajas; tu motivación, tu empleo del tiempo, tu actitud hacia el empleo. Si crees que lo que estás haciendo es agradable a Dios, entonces estás en el camino correcto.

Segundo, pregúntate: "¿A mi familia le está tocando sólo las sobras de mi energía mental y emocional por causa de mi trabajo excesivo? ¿Estoy dando demasiada poca provisión emocional en casa?" Todos tenemos episodios de tensión laboral. Ese no es el problema. Pero si hay un patrón en él, necesitamos darle una larga y escrutadora mirada al impacto que nuestro trabajo está teniendo en nuestra familia.

Tercero, ¿te está empujando tu trabajo hacia la zona de peligro respecto a tu propia salud mental, emocional y física? Si es así, sería sabio someterte a un chequeo personal para pasar revista a tus patrones de trabajo y hacer algunos ajustes. Analiza cómo empleas habitualmente tu vigor emocional, tu poder mental y tu fuerza física, y cómo (y si) estás recuperándote en cada una de esas áreas.

VICTORIA SOBRE LA TENTACIÓN

Un análsis de inversión

Una noche, sobre un plato lleno de salmón ahumado, mi amigo Dennis Rainey me desafió a contar el costo de mi propia agenda sobrecargada. Mientras conversábamos acerca de los ministerios en que Dios había permitido que yo participara, Dennis bajó su tenedor y me dijo: "Gary, Dios te ha dado muchas campos de gran efectividad para Él: aconsejar, predicar, escribir y el ministerio de hombres, para mencionar sólo unos pocos. Tienes la posibilidad de disfrutar el éxito en cualquiera de esas áreas. Pero si no tienes cuidado, te vas a disgregar demasiado y te volverás ineficaz en tu llamado... así como en tu hogar.

"La pregunta que necesitas hacerte no es dónde *puedes* tener éxito, sino dónde *tienes* que tener éxito. Dime algo, Gary. Si pones toda la energía que dedicas a tu ministerio en una mano, y la energía y la concentración que dedicas a tu hogar en la otra mano, ¿qué pasaría si las cambias de lugar lanzándolas al aire? ¿Qué pasaría con tu ministerio? ¿Qué sucedería con tu hogar?"

Sabia pregunta de un hombre sabio. De hecho, no terminé mi cena. Ves, con su amor por mí, me desafió a conseguir el equilibrio. Mi familia exige que yo encuentre el equilibro. También la tuya, amigo.

Y si a veces se pierde el equilibrio cuando te inclinas a un lado o al otro, que sea en la dirección del hogar y la familia antes que a la carrera. Si *tuvieras* que escoger entre subir por la escala de la carrera y "estar ahí" para tu esposa e hijos, sinceramente, ¿qué lado quisieras tú ganar? Pregúntate: ¿No es mejor —mucho mejor, en la economía del cielo— que sufran tu empleo y tu carrera antes que sufra tu familia?

¿Fortuna o familia?

Así que ¿cómo ganamos en el hogar? ¿Cómo guardamos nuestros corazones para que encontremos el equilibrio y nos alejemos de la zona de peligro?

Volvamos a la Biblia. Jesús dijo: "¿De qué le sirve a un hombre haber ganado el mundo entero, si él mismo se destruye o se pierde?" (Lucas 9:25).

Igual de fácil pudo haber preguntado: "¿De qué le sirve a un hombre haber ganado el mundo entero, si su familia se destruye o se pierde?"

No deseo sacrificar a mi familia en el altar del empleo. Casi lo hice en 1983 cuando mi hija me dejó fuera de la foto de familia. Ella fue la única que se las arregló para llamarme la atención. Mi pastor, mi esposa, mis padres, y mis amigos, todos lo intentaron sin resultados. Pero la foto de Sarah cambió mi vida.

Así y todo me tomó *dos años* el poder separarme de mis patrones de trabajo excesivo y volver al lugar donde Dios más quería que yo ganara: en el hogar. Él quiere que yo provea no sólo financiera, sino también (y más importante) emocional y espiritualmente a las necesidades de mi esposa e hijos. Y Él quiere que tú hagas lo mismo.

El problema no es el trabajo

El problema no es el trabajo, sino nuestros corazones. Y si estamos tratando de llenar alguna necesidad apremiante de nuestros corazones con exceso de trabajo, en vez de invertir en nuestras relaciones hogareñas, entonces todos perdemos.

Fuimos hechos para trabajar y nuestro trabajo es bueno y honorable. Necesitamos hacer todo lo mejor posible y darle a nuestros empleadores el valor de su dinero. Necesitamos ser hombres entregados a lo que quiera que hagamos, tanto en el empleo como en el hogar. Eso puede significar que quizás no te asciendan tan rápido en el empleo. Tal vez no puedas ganar tanto dinero. Es posible que no consigas tantos bonos y beneficios.

Pero probablemente significará que tu esposa y tus hijos terminarán la carrera contigo. ¡Y nada puede compararse a eso!

Cuida tu corazón.

VICTORIA SOBRE LA TENTACIÓN

Preguntas para el estudio

1. Lee Colosenses 3:22-24. ¿Qué perspectiva traen esos versículos a tu trabajo diario? ¿De qué modo saber tu primera responsabilidad para complacer al Señor Jesús aumenta realmente tu responsabilidad de trabajo? ¿Cómo puedes también liberarte de la tensión y la presión?

2. ¿Cómo puede tener que ver directamente la integridad y la calidad de tu trabajo con la efectividad de tu testimonio a los extraños? ¿De qué modo puedes mejorar en esas dos áreas?

Tomado de *Guarda tu corazón*, por Gary Rosberg. © 1994 por Gary Rosberg. Publicado por Multnomah Books. Usado con permiso.

CAPÍTULO DIECISÉIS

EL USO ESTRATÉGICO DEL TIEMPO

POR OSWALD SANDERS

Hay un tiempo señalado para todo, y hay un tiempo para cada suceso bajo el cielo.

ECLESIASTÉS 3:1

Los trabajadores cristianos muy ocupados son propensos a tomar prestada del mundo la expresión que tanto se oye: "No tengo tiempo" o "Estoy demasiado ocupado". Aunque por lo regular se profiere con gran sinceridad, a menudo no es cierta, pero la actitud interna que traiciona puede causar un caos en el sistema nervioso y, por consecuencia, en la vida espiritual también. ¿Es en realidad cierto que no tenemos tiempo suficiente? Los grandes hombres y mujeres nunca dieron la impresión de estar demasiado ocupados, sino más bien parecía que estaban muy relajados. Usualmente es la persona pequeña e ineficiente la que da la impresión de mucha ocupación. En uno de los grandes sermones del mundo —"La vida de cada hombre es un plan de Dios" pronunciado por Horace Bushnell— hay un párrafo iluminador:

> Cada alma humana tiene un plan completo y perfecto, atesorado para ella en el corazón de Dios, una biografía divina con la cual entra a vida para vivirla. Esta vida, desarrollada correctamente, será un todo completo y hermoso, guiado por Dios y desarrollado por su nutrición secreta como los árboles y las flores por la alimentación secreta del mundo.

Esta declaración abriga una verdad maravillosa y transformadora, la cual, captada correctamente, pudiera impartir una dignidad y significado a la vida más humilde. Está de acuerdo con el reclamo de Pablo de que "somos hechura suya, creados en Cristo Jesús para hacer buenas obras, las cuales Dios preparó de antemano para que anduviéramos en ellas" (Efesios 2:10). Si eso es verdad, el corolario es que hay suficientes horas en cada día para que cumplamos el plan perfecto y particular para nuestras vidas.

El ejemplo de Cristo

Nuestro Señor se movió a través de la vida con paso majestuoso y mesurado, nunca apresurado, y sin embargo, siempre abrumado por multitudes exigentes, nunca dándole a quienes buscaban Su ayuda una sensación de que Él tenía alguna precupación más importante que las de los intereses de ellos.

¿Cuál era Su secreto? Sabiendo que la vida de cada hombre es un plan de Dios, Él comprendió que Su vida y todas las condiciones en las cuales iba a desarrollarse, estaba también bajo el control perfecto de Su Padre. El tiempo no tenía poder sobre Él. En muchas ocasiones Él afirmó que Su hora no había llegado aún, e implícito en esta declaración estaba la conciencia de que el plan de Su Padre había sido trazado con tal meticulosa exactitud que cada hora estaba contada y ajustada para el propósito general de Su vida.

Su calendario había sido arreglado, y Su única preocupación en la tierra era cumplir la obra que le habían dado a hacer en las horas contadas (Juan 7:6; 12:23,27; 13:1; 17:1). Ni siquiera permitió que Su muy amada madre interfiriera con Su divinamente planeado programa (Juan 2:4). No permitiría al profundo amor humano anticipar dos días Su programa, o el plan de Su Padre se hubiese echado a perder (Juan 11.6,9).

No es de extrañar que, al final de Su vida, pudiera revisarla con absoluta complacencia y pronunciar las palabras de aprobación: "Yo te glorifiqué en la tierra, habiendo terminado la obra que me diste que hiciera" (Juan 17:4), sin haber estropeado ni el más mínimo detalle por haberse apresurado o completado mal algo por falta de tiempo. Él encontró suficiente tiempo en las 24 horas del día para hacer toda la voluntad de Dios. Las palabras correctivas del Señor a Sus discípulos: "¿No hay doce horas en el día?" parecen sugerir una tranquila y estable confianza en el propósito de Su Padre y el valor resultante, aun cuando enfrentaba a sus enemigos y al peligro.

Las interrupciones no podían perturbar Su paz porque ya se habían previsto en la planificación del Padre, y la ira de los enemigos tendría que esperar Su "hora". Por lo tanto Él podría proseguir Su obra inconmovible, sabiendo que sería "terminada". Habría tiempo para todo lo que Dios tenía destinado que Él hiciera, aunque puede que no siempre "estuviera libre para comer".

Es fácil permanecer aparte y admirar en nuestro Señor estas cualidades deseables que tan a menudo faltan en nuestras propias vidas. Pero a Él hay que seguirlo, no sólo admirarlo, porque nos dejó un ejemplo en esto como en todo lo demás. Tenemos el mismo Espíritu Santo que moraba en Él para ayudarnos. ¿Cristo fue enviado a la tierra para cumplir el plan de Su Padre? ¿No se dijo de Él anticipadamente: "He aquí, vengo; en el rollo del libro está escrito de Mí; Me deleito en hacer Tu voluntad, Dios Mío; Tu ley está dentro de Mi corazón" (Salmo 40:7-8)? Entonces Él nos dice: "Como el Padre me ha enviado a Mí, así os envío Yo", y Él que nos envía nos capacitará para cumplir nuestro ministerio.

¿Qué es el tiempo?

¿Es el tiempo el tic-tac del reloj, el movimiento de una sombra? El calendario y el reloj son sólo medios mecánicos por los cuales registramos nuestra conciencia del tiempo, no el tiempo mismo. Tal como usamos comúnmente la palabra, significa "duración" o un "lapso en el cual suceden cosas". Pero quizás la definición más útil de *tiempo* es "duración convertida en recuento".

El doctor John R. Mott veía el tiempo como nuestras vidas medidas por nosotros para trabajar, la medida de la capacidad de nuestras vidas.

VICTORIA SOBRE LA TENTACIÓN

Pablo aconsejaba a los creyentes efesios que "aprovecharan bien el tiempo", o como Weymouth lo aprovecha, "comprando oportunidades", porque el tiempo es oportunidad. Observa que el tiempo se vuelve nuestro por compra: tiene que ser redimido, comprado. Lo cambiamos por ciertas ocupaciones y actividades, importantes o no, y aquí radica la importancia de una vida planeada. Cuando decimos que no tenemos tiempo, puede que sea solamente que no sabemos cómo hacer uso de la oportunidad que el tiempo nos proporciona. El tiempo es una administración dada por Dios, por la cual tendremos que rendir cuentas, y nuestro uso de él determinará el valor de nuestra contribución a nuestra era y nuestra generación.

La diferencia entre un hombre y otro radica en gran parte en su uso del tiempo.

Prescripción triple

He aquí tres sugerencias constructivas que pudieran ser de ayuda a quienes están buscando seriamente llenar sus vidas con la mayor utilidad posible para Dios, y sin embargo hacerlo sin demasiada tensión y agotamiento.

1. *Detén las filtraciones.* No consideremos nuestro día sólo en términos de horas, sino en espacios de tiempo más pequeños. Si vigilamos los minutos, las horas se cuidarán por sí mismas. Pocos hombres eran capaces de rellenar tanto su agenda en el lapso de una vida como el difunto doctor F.B.Meyer. Al igual que John Wesley, él dividía su vida en espacios de cinco minutos y se regañaba a sí mismo si uno de ellos pasaba ocioso. Cualquiera esperaría que semejante programa crearía un agotamiento intolerable, pero no era así con el doctor Meyer. De acuerdo con su biógrafo: "Sus maneras calmadas no eran el sopor de una mente inactiva, sino más bien como el sopor del trompo. Nunca estaba apremiado porque siempre estaba de prisa". Muy poco antes de morir le dijo a un amigo: "Pienso que soy un ejemplo de lo que el Señor puede hacer con un hombre que se concentra en una cosa a la vez".

Quizás pocos de nosotros mortales ordinarios podemos esperar conseguir semejante grado de concentración como para hacer que cada cuarto de hora esté lleno de una cuota de utilidad, pero eso no nos excusa por no intentarlo. Por ejemplo, es asombroso cuánta lectura puede apretarse en fragmentos de tiempo aprovechados del cesto de papeles. Es inútil esperar hasta que tengamos tiempo para leer en serio; nunca lo tendremos. Debemos hacer el tiempo de leer echando mano de los minutos que tenemos. Debemos buscar detectar los insospechados salideros de tiempo, y con resolución decidida, *taponar el salidero.*

2. *Prioridades de estudio.* Mucho tiempo que no está en realidad perdido, se gasta en cosas de sólo importancia secundaria. Se ha descrito a un tonto como un hombre que ha perdido la proporción de las cosas. Algunos de nosotros tenemos la tendencia infortunada de estar tan enfrascados en cosas secundarias que no nos queda tiempo para las primordiales. Le damos tal atención indebida a los pequeños detalles que los asuntos de mayor cuantía se quedan sin resolver. Sucede así sobre todo donde se trata de cosas espirituales.

Nuestro Señor mismo indicó que el secreto de progresar en la vida era sacrificar la perla de inferior valor por la perla de valor trascendental. ¿Estamos haciendo las cosas más importantes, o las postergamos a causa de sus exigencias? Sopesemos cuidadosamente los respectivos valores de las oportunidades y responsabilidades que reclaman atención. Omite por completo o dale un lugar mucho menos a las cosas de poca impotancia. John Wesley acostumbraba a decir: "Nunca estés desempleado y nunca estés empleado en frivolidades." Puedo decir aquí que *la recreación y relajación disciplinada no son de imaportancia secundaria.* Jesús disfrutaba de la vida social normal y no consideraba una pérdida de tiempo el asistir a un banquete de bodas. De tiempo en tiempo debemos ver si nuestras prioridades están correctas.

3. *Empieza a planear.* Sin un plan adecuado todos tendemos a quedar a la deriva. Si nuestra vida es un plan de Dios, hay un trabajo adecuado para cada hora, y el Señor nos guiará

en tanto oramos y planeamos. El doctor John R. Mott acostumbraba a dedicar medio día de cuando en cuando a trazar planes para los días siguientes, y lo consideraba tiempo bien invertido. En la actitud de oración, pregunta: "¿Cómo puedo planear mejor hoy?" Divídelo en partes. Hay ciertas obligaciones y deberes obvios, tanto espirituales como temporales, que naturalmente exigen un lugar, y debe dedicarse un tiempo adecuado a ellos. Después hay cosas secundarias que deben podarse muy cuidadosamente a un mínimo y encajarse dentro. Cuando dos deberes tiren en diferentes direcciones, escoger aquella que, después de orar y meditar, parece más importante. Si un reclamo secular se agolpa con uno espiritual, no ceder el punto a menos que tengamos buenas razones para hacerlo. En la mayoría de las vidas hay cada día pequeños vacíos que quedan en el programa que parecen demasiado cortos para llenarlos con algo importante, pero esos vacíos tienen que llenarse. Permite tiempo suficiente para asegurar puntualidad, pero no demasiado. Aprovecha los minutos que sobran tan ansiosamente como un avaro atesora su dinero. *Comienza a planear tus días.*

Puntos finales

Efectuar un cambio radical en nuestro empleo de tiempo requerirá fortaleza de propósito y una dependencia real del Señor para que nos capacite.

Es bueno reconocer que después que hemos hecho todo lo que está a nuestro alcance, siempre permanecerá una gran área de necesidad. No podemos cumplir con todo lo que hace falta hacer. Si planeamos sinceramente ante el Señor nuestro día a lo largo de las líneas sugeridas y lo cumplimos todo lo mejor que podamos, podemos y debemos dejarlo ahí. Debemos negarnos a dejarnos atar por causa de lo que no se ha podido hacer. Nuestra responsabilidad es concentrarnos sólo en los factores que yacen dentro de los límites de nuestras posibilidades.

El uso estratégico del tiempo

Preguntas para el estudio

1. Dios tiene un plan para el mundo. ¿Estás usando tu tiempo de forma que cooperes con el plan de Dios, o estás luchando contra el plan de Dios?

2. ¿Qué quiere decir Pablo cuando le dice a los efesios que "aprovechen el tiempo"? ¿Estás prestando atención a sus palabras?

3. ¿Qué pasos puedes dar para organizar mejor tu mundo para que puedas emplear tu tiempo con más eficiencia?

El libro Una Clínica Espiritual *está agotado. Sin embargo, el libro de Oswald Sander* Liderazgo Espiritual *(Moody Press) contiene muchos de los mismos principios de administración del tiempo.*

CAPÍTULO DIECISIETE

¿TENDREMOS LO SUFICIENTE ALGUNA VEZ?

POR RON BLUE

Y mi Dios proveerá a todas vuestras necesidades, conforme a sus riquezas en gloria en Cristo Jesús.

FILIPENSES 4:19

A la edad de 24 años, tenía todos los ingredientes necesarios para alcanzar el éxito: un doctorado en Administración de Empresas, mi certificado de Contador Público, un empleo bien pagado en la oficina de Nueva York de la firma de Contadores Públicos más grande del mundo, una ambición compulsiva por tener éxito y una esposa muy inteligente que me respaldaba.

Durante los siguientes ocho años, me probé a mí mismo que cualquiera podía triunfar si lo intentaba con todas sus fuerzas. Para cuando tuve 32 años, había conseguido todos los objetivos financieros y el éxito que me había propuesto:

- Había ascendido rápidamente la escala de la corporación.
- Había fundado la compañía de contadores públicos de más rápido crecimiento en Indiana, y que hoy se ha convertido en una de las 50 firmas más grandes de Estados Unidos.
- Junto con otros, era dueño de dos pequeños bancos en Indiana.
- Tenía una esposa adorable y tres hijitas.
- Poseía todos los atributos del éxito: una casa nueva, un auto nuevo, era miembro de un club campestre y todo lo demás.

También acababa de entregarle mi vida a Jesucristo y no tenía necesidades, que yo supiera.

Era al principio de la década de los setenta, y por primera vez en la historia de la nación, los norteamericanos empezaron a experimentar "tremendos" niveles de inflación, de 4% y 5%. La tasa de interés primario alcanzó un increíble 10%, y después llegó inclusive al 12%. El dollar se retiró de la norma de oro, y por primera vez en la historia contemporánea, Estados Unidos comenzó a arrastrar un déficit comercial.

En medio de la abundancia personal, comencé a sentir el miedo que viene de pensar: "¿Tendré algún día lo suficiente? O, si tengo lo suficiente ahora, ¿será suficiente cuando me retire? Y, de paso, ¿cuánto es suficiente?" Creo que todo el mundo, ricos y pobres, se hacen estas preguntas subyacentes más a menudo de lo que quisieran admitirlo. Estas preguntas están constantemente en nuestro subconsciente, y por lo tanto todos lidiamos con ellas de algún modo; por una parte acumulando nuestro recursos, por la otra, viviendo la filosofía de "date todos los gustos que puedas: sólo vives una vez".

Además, el cristiano se enfrenta con la pregunta: ¿Cuál es el estilo de vida adecuado a un cristiano?

Hasta mediados de la década de los setenta, lidié con estas preguntas, tanto personalmente como en función de consejero de una clientela secular en gran parte rica. En 1977, mi esposa y yo sentimos el llamado de Dios para dejar los negocios en que yo me ocupaba y unirme a un nuevo ministerio en Atlanta, Georgia. Durante dos años, mientras nuestra familia aumentaba hasta cinco hijos, ayudé a desarrollar materiales de seminario en los campos de tomar decisiones, administración del tiempo, planificación en fe, y solución de problemas. También, hacia el fin de la década, viajé a África 11 veces, ayudando a una numerosa organización cristiana a aplicar los principios que estábamos desarrollando.

Durante todo este tiempo, observé que las mismas preguntas financieras que nos habíamos hecho mis antiguos clientes y yo, se las hacían otros también: misioneros, africanos ricos, africanos pobres, trabajadores cristianos a tiempo completo, ejecutivos norteamericanos de gran éxito, pastores y amigos:

- ¿Tendré alguna vez lo suficiente?
- ¿Seguirá siendo suficiente?
- ¿Cuánto es suficiente?

Las preguntas trascendían las culturas así como las clases. En 1979, alentado por el doctor Howard Hendricks, fundé una organización llamada Ronald Blue & Co. que tiene por objetivo eliminar el miedo y la frustración que sienten los cristianos cuando lidian con dinero. Creo que hay una profunda necesidad de esta clase de consejería. La enseñanza y aplicación cristiana va del extremo de compartir el ingreso personal con la vida comunitaria, al enfoque de "reclama todo lo que necesites". Ambos son un intento de llegar a Dios en el modo en que administramos nuestro dinero, cuando todo el tiempo Él está alcanzándonos con Su sabiduría, consejo y principios.

John MacArthur, pastor de la Iglesia Comunitaria de la Gracia, en Panorama City, California, en su serie "Dominio del materialismo", dice:

> Dieciséis de 38 parábolas de Cristo tratan del dinero; en el Nuevo Testamento se dice más acerca del dinero que del cielo y el infierno combinados; se habla cinco veces más del dinero que de la oración; y en tanto hay más de 500 versículos acerca de la oración y la fe, hay más de 2.000 versículos que tratan del dinero y las posesiones.

Es obvio que la Biblia tiene mucho que decir acerca de la administración del dinero.

Los cuatro principios bíblicos de la administración del dinero

Aunque la parábola de los talentos que se encuentra en Mateo 25:14-30 trata primordialmente del regreso de Cristo, me ha mostrado cuatro principios bíblicos básicos de la administración del dinero que realmente sumarían mucho de lo que la Biblia tiene que decir con respecto al dinero y su administración.

VICTORIA SOBRE LA TENTACIÓN

1. Dios es el dueño de todo.

Mateo 25:14 —"Porque el reino de los cielos es como un hombre que al emprender un viaje, llamó a sus siervos y les encomendó sus bienes".

Muy pocos cristianos discutirían el principio de que Dios es el dueño de todo, y sin embargo, si seguimos los principios de esta conclusión natural, hay tres implicaciones revolucionarias. Primero que todo, Dios tiene el derecho a cualquier cosa que quiera, en el momento que lo desee: Todo es suyo, puesto que un dueño tiene los derechos, y yo, como administrador, tengo únicamente responsabilidades.

Cuando mi hija mayor alcanzó la edad de conducir, estaba muy ansiosa por usar mi auto y, como padre, se lo confié. Nunca hubo dudas de que yo podía tenerlo de vuelta en cualquier momento por cualquier razón. Ella tenía sólo responsabilidades mientras yo retenía todos los derechos. Del mismo modo, todas y cada una de mis posesiones viene de otro: Dios. Literalmente, yo poseo mucho, pero nada me pertenece.

Si tienes tu propia casa, da un paseo alrededor de tu propiedad para sentir la realidad de este principio. Reflexiona en cuánto tiempo esa basura ha estado ahí y cuánto más continuará allí; entonces pregúntate si en realidad te pertenece o si sólo tú lo posees. Puedes tener el título, pero ese papel refleja sólo tu derecho a poseerlo temporalmente, no para siempre. Sólo Dios es su dueño eternamente.

Si en realidad creo que Dios es el dueño de todo, cuando pierda alguna posesión, por cualquier razón, es posible que las emociones se agiten, pero mi mente y mi espíritu no tienen la más ligera duda acerca del derecho de Dios a tomar cualquier cosa que desee, cuando quiera que le parezca. Si creo esto de veras, quedo libre para dar generosamente de los recursos de Dios para Sus propósitos y para Su pueblo. Todo lo que tengo le pertenece a Él.

La segunda implicación de que Dios sea el dueño de todo, es que mi decisión de dar no sólo es una decisión espiritual, sino que toda decisión de gastar lo es igualmente. Nada hay más espiritual que comprar un auto, tomar unas vacacioness, comprar comida, pagar todas las deudas, pagar los impuestos y todo eso. Todos estos son usos de Sus recursos. Todo lo que tengo le pertenece a Él.

Piensa en la libertad de saber que si Dios es el dueño de todo —y lo es— Él tiene que tener algo pensado en cuanto a cómo quiere que yo emplee Su propiedad. La Biblia revela muchas guías específicas de cómo el Dueño quiere que se use Su propiedad. Como depositario, tengo mucha libertad para maniobrar, pero todavía soy responsable ante el Dueño. Algún día le daré cuenta de cómo usé su propiedad.

La tercera implicación de la verdad de que Dios es el dueño de todo, es que tú no puedes fingir la administración. Tu libreta de cheques revela todo lo que tú realmente crees acerca de la administración. Con una libreta de cheques podría escribirse la historia de una vida. En él se reflejan tus objetivos, prioridades, convicciones, relaciones e incluso el empleo de tu tiempo. Una persona que ha sido cristiana, incluso por corto tiempo, puede fingir la oración, el estudio bíblico, el evangelismo y la asistencia a la iglesia, pero no puede falsificar lo que su libreta de cheques revela. Quizás sea por eso que tantos de nosotros mantenemos tan en secreto nuestras finanzas personales.

2. *Estamos en un proceso de crecimiento.*

Mateo 25:21 —Su señor le dijo: "Bien, siervo bueno y fiel; en lo poco fuiste fiel, sobre mucho te pondrá; entra en el gozo de tu señor".

Al leer las Escrituras, no podemos dejar de saber que nuestro tiempo sobre la tierra es temporal y que debe usarse para nuestro Señor como un tiempo de entrenamiento. Toda la parábola enfatiza eso. Yo observaría que Dios usa el dinero y las posesiones materiales en tu vida terrenal durante este proceso de crecimiento como un instrumento, una prueba, y un testimonio. Como en Filipenses 4:11-12 dice Pablo:

No que hable porque tenga escasez, pues he aprendido a contentarme cualquiera que sea mi situación. Sé vivir en pobreza, y sé vivir en prosperidad; en todo y por todo he aprendido el secreto tanto de estar saciado como de tener hambre, de tener abundancia como de sufrir necesidad.

El dinero y las posesiones materiales son una herramienta muy efectiva que Dios emplea para hacerte crecer. Por consiguiente, necesitas preguntar siempre: "Dios, ¿qué quieres que aprenda?" y no: "Dios, ¿por qué me estás haciendo esto?" Mi función como consejero es ayudar a la gente a descubrir qué les está enseñando Dios, tanto por la situación de su abundancia como por la de su aparente falta de recursos financieros. Dios no está tratando de frustrarnos. Está intentando llamar nuestra atención, y el dinero es un reclamo muy llamativo.

El dinero no es sólo un instrumento, sino también una prueba.

Por tanto, si no habéis sido fieles en el uso de las riquezas injustas, ¿quién os confiará las riquezas verdaderas? Y si no habéis sido fieles en el uso de lo ajeno, ¿quién os dará lo que es vuestro? (Lucas 16:11-12).

No lo comprendo, pero sí sé que de algún modo mi posición y recompensa eternas están irrevocablemente determinadas por mi fidelidad al manejar la propiedad que Dios me ha confiado.

Somos llamados a ser sal y luz, como Jesús señala en Mateo 5:13-16. Creo que puedo decir que Dios puede usar mi empleo de Sus recursos como un testimonio al mundo. Mi actitud como cristiano hacia la riqueza se convierte en el testimonio.

3. *Lo que importa no es la cantidad.*

Mateo 25:23 —Su señor le dijo: "Bien, siervo bueno y fiel; en lo poco fuiste fiel, sobre mucho te pondré; entra en el gozo de tu señor".

Cuando miras hacia atrás al versículo 21 y lo comparas palabra por palabra con el 23, verás que esas son las mismas palabras que se le dijeron al esclavo con cinco talentos. A ambos se les recordó que habían sido fieles con pocas cosas, y a ambos se les prometió algo en el cielo. Puedes sacar la conclusión de que la cantidad que tienes no es lo importante, sino el modo en que administras lo que se te confió, eso sí es importante.

Hay mucha controversia hoy acerca de si un cristiano norteamericano es más espiritual, por un lado, acumulando mucho, o, por el otro, dándolo todo. Yo creo que ambos son extremos y no reflejan lo que dice Dios. Él nunca condena la riqueza y recomienda la pobreza, ni lo contrario. El principio encontrado en la Escritura es que Él es el dueño de todo. Por lo tanto, cualquier cosa que decida confiarte, reténlo con una mano abierta, permitiendo que Él te confíe más si así lo decide, o dejando que tome lo que desee. Todo es Suyo. Esa es la actitud que Él desea que tú desarrolles. Y cualquier cosa que tengas, poca o mucha, tu actitud debe permanecer siendo la misma.

4. La fe requiere acción.

Mateo 25:24-30 —Pero llegando también el que había recibido un talento, dijo: "Señor, yo sabía que eres un hombre duro, que siegas donde no sembraste, y recoges donde no esparciste, y tuve miedo, y fui y escondí tu talento en la tierra; mira, aquí tienes lo que es tuyo". Pero su señor respondió, y le dijo: "Siervo malo y perezoso, sabías que siego donde no sembré, y que recojo donde no esparcí. Debías entonces haber puesto mi dinero en el banco, y al llegar yo hubiera recibido mi dinero con intereses. Por tanto, quitadle el talento y dádselo al que tiene los diez talentos. Porque a todo el que tiene, más se le dará, y tendrá en abundancia; pero al que no tiene, aun lo que tiene se le quitará. Y al siervo inútil, echadlo en las tinieblas de afuera; allí será el llanto y el crujir de dientes".

El esclavo malo sabía, pero nada hizo. Muchos de nosotros sabemos lo que debemos hacer, pero desobedecemos o posponemos. Tenemos fe emocional o intelectual, o ambas, pero no fe volitiva. Sabemos pero...

Podemos saber en el fondo lo que Dios quisiera que hiciéramos, pero influyen tanto sobre nosotros los hábitos mundanos que parecen tan aceptables, que estamos paralizados. No actuamos por miedo a cometer un error bíblico o financiero. O estamos frustrados y confusos. Hacemos únicamente lo que nos hace sentir bien. Vivir por nuestras sensaciones en vez de por "la verdad" (Juan 14:6) puede ser muy peligroso.

Preguntas para el estudio

1. Cuáles son tus respuestas a estas tres preguntas: ¿Tendré lo suficiente alguna vez? ¿Seguirá siendo suficiente? ¿Cuánto es suficiente?

2. ¿Honestamente crees que Dios es el dueño de todo lo que posees? ¿Lo crees lo suficiente como para dejar que eso afecte la forma en que gastas tu dinero?

3. ¿Es tu dinero una herramienta que empleas para conseguir lo que deseas de la vida... o es un instrumento que usas para hacer avanzar el reino de Dios?

Tomado de *Domina tu dinero*, por Ron Blue, Edición revisada © 1991 por Ron Blue. Publicado por Thomas Nelson Publishers. Usado con permiso.

CAPÍTULO DIECIOCHO

DISCIPLINA: CONSEGUIR EL ÉXITO POSPONIENDO LA GRATIFICACIÓN

POR BILL HYBELS

> Ningún caballo llega a parte alguna mientras no se le pongan los arreos. Ningún vapor o gas impulsa algo mientras no se encierra. Ningún Niágara puede volverse luz y poder mientras no se entuba. Ninguna vida puede crecer mientras no se la enfoque, dedique y discipline.
>
> Harry Emerson Fosdick

Algunas personas parecen tener éxito en todo lo que intentan. Disfrutan del éxito en sus carreras; tienen las mejores relaciones con su familia; pueden participar en las actividades de la iglesia y la comunidad; son cristianos activos y en proceso de madurar; incluso están físicamente en forma. Cuando uno se acerca a gente así y trata de determinar cómo se las arreglan para realizar tanto de sus posibilidades, se encuentra que en casi todos los casos hay una cualidad que desempleña una función preponderante: la *disciplina*.

Por el contrario, otras personas tienen una perturbadora sucesión de retrocesos, fracasos y desastres. Si te acercas a ellas, y si son honestas consigo mismas y contigo, probablemente te ofrezcan una sincera evaluación de por qué le llueven todas estas calamidades: "Bueno, tú sabes, empecé a dejar que las cosas se me fueran de las manos", pueden decir. "Pospuse hacer mis tareas domésticas". "Descuidé seguir las instrucciones". "No separé mi silla del bar". "No me cuidé". "No le dediqué tiempo a mi familia". "Pensé que los problemas se resolverían por sí mismos". La lista de razones para fracasar pudiera prolongarse indefinidamente, pero la mayoría de ellas brotan de una falta evidente de... *disciplina*.

La disciplina es uno de los más importantes rasgos del carácter que una persona puede poseer. Desempeña un papel clave en el desarrollo de todos los ámbitos de la vida. Pero ¿cuántas personas sumamente disciplinadas tú conoces? ¿Puedes pensar rápidamente en cinco personas que sean verdaderamente disciplinadas en todas las áreas de su vida? Tú mismo, ¿eres disciplinado? Dios me ha dado cientos de conocidos, y sólo una pequeña fracción de ellos demuestra disciplina en un nivel significativo. No se trata de que las personas no quieran ser disciplinadas; sí quieren. Pero mucho me temo que la disciplina es un rasgo del carácter en peligro de extinción.

En varias encuestas, le he preguntado a la gente cuál rasgo del carácter les gustaría tener más abundante. Por lo regular, una de las que más se mencionan es "disciplina". Pero hay una gran confusión con respecto a lo que es en realidad la disciplina y cómo practicarla. La gente no sabe cómo desarrollar grandes niveles de disciplina y ponerla a trabajar para ellos en la vida diaria.

Entonces, ¿qué es esto que no entendemos pero de lo cual queremos más? En dos palabras puedo darte una explicación de este confuso rasgo del carácter que lo define, capta su esencia y descubre dónde está el meollo de éste. Estas dos palabras son fáciles de recordar. Puedes pensar en ellas durante el día y emplearlas en tu conversación. La disciplina consiste en la *gratificación pospuesta*.

Primero, las malas noticias

De acuerdo con Scott Peck en su libro *El camino menos transitado*, "Posponer la gratificación es un proceso de planificar el dolor y el placer de la vida, de tal manera que intensifica el placer, enfrentando y sintiendo el dolor primero para descartarlo de una vez". Y añade: "Es la única forma decorosa de vivir". Yo no podría estar más de acuerdo.

Se necesitan estímulos paternales continuos durante años antes de que la mayoría de los hijos aprendan a emplear este principio, pero aquellos que maduran adecuadamente, al final aprenderán que no disfrutarán la cena y las actividades que la siguen, si tienen tareas escolares pendientes sobre ellos o si saben que el perro necesita un baño. Por eso es que los estudiantes bien disciplinados atacan sus responsabilidades —sus tareas escolares y domésticas— tan pronto es posible después de la escuela. Una vez que estas tareas están terminadas, pueden disfrutar el resto de la velada.

Cuando la gente va saliendo de la adolescencia para entrar en la edad adulta, y en el mercado laboral, por lo regular empiezan —a sabiendas y por necesidad— entrando en la fuerza laboral por el primer peldaño de la escala. Están dispuestos a trabajar largas horas, tener vacaciones cortas, hacer labores repetitivas y con pago mínimo porque saben que, si soportan durante un tiempo las incomodidades del nivel de comienzo, la recompensa vendrá al final en forma de horas de trabajo más flexibles, salarios más altos, vacaciones más prolongadas, más responsabilidad y tareas más interesantes. Están practicando la posposición de la recompensa, planificando a propósito el dolor primero, confiando en que al final disfrutarán mucho más esa fase. Este principio, que funciona bien en el mercado laboral, puede aplicarse a muchas otras situaciones también.

Por ejemplo, la posposición de la recompensa es importante para la vida espiritual. Como pastor, con frecuencia he oído decir a la gente: "He aprendido algo a lo largo de los años. Si me disciplino para dedicar 10 ó 15 minutos temprano en la mañana en un lugar tranquilo para tener una perspectiva adecuada de mi andar con el Señor —anotando algunas ideas, leyendo mi Biblia, escuchando una cinta grabada, orando— todo el resto del día parece mucho más satisfactorio". Escucha con atención lo que dice esta gente. "Si me levanto del lecho mientras la casa todavía está tranquila e invierto algún tiempo y energía en algo que merezca la pena, luego el resto del día será mejor". Esta es la posposición de la gratificación en lo que concierne al andar espiritual.

Posponiendo la gratificación en la familia

La disciplina también concierne a la vida de relaciones. Las parejas casadas que comprenden el valor de la disciplina, se dicen el uno al otro al comienzo de su relación: "Trabajemos duro en este matrimonio ahora. Enfrentemos todos nuestros conflictos tan pronto surjan. No los apartemos a un lado. Hagamos todo lo que sea preciso ahora, para que el matrimonio sea mutuamente satisfactorio". Esto puede requerir bregar muy duro, y puede ser incómodo o incluso doloroso a veces, pero produce maravillosos resultados en forma de tiempos más satisfactorios y realizados en el futuro.

Por tanto, la disciplina no es difícil de entender, si puedes recordar las palabras *recompensa pospuesta*. Pero entender la disciplina y practicarla son dos cosas diferentes. La clave de practicar la disciplina puede describirse en tres palabras: *Decidir por adelantado*. He aquí lo que quiero decir.

Tomar las decisiones por adelantado

Una vez que hayas resuelto que el único modo decoroso de vivir es planificar el dolor y los retos duros primero, para que después puedas disfrutar el placer, las recompensas y el pago, entonces tienes que dar un importante paso práctico. Tienes que tomar las decisiones por adelantado de cómo practicarás la disciplina en las distintas dimensiones de tu vida.

Por ejemplo, Lynne y yo hacemos juntos nuestro presupuesto familiar al principio de cada año. Oramos acerca de él, nos ponemos de acuerdo en él y lo hacemos por escrito. Entonces pactamos juntos —o sea que tomamos una decisión por adelantado— de regirnos por nuestro presupuesto, venga lo que venga.

Llega el día del pago y ¿qué sucede? "Vi la lámpara más maravillosa. Tiene nuestro nombre escrito en ella, y está en oferta especial". Nos miramos sonriéndonos mutuamente. "Luciría perfecta en esa mesita, e iluminaría mucho más la habitación. Realmente la necesitamos". Sin una decisión por adelantado en nuestro presupuesto, propablemente hubiésemos corrido y comprado la lámpara en ese momento. Pero como hemos acordado vivir sin salirnos de nuestro presupuesto, examinamos las cifras y preguntamos: "¿Está ahí o no está?" Si no está, mala suerte. La decisión ya se tomó. No luchamos por eso ni tratamos de corregir la decisión. Vivimos por ella.

Decisiones espirituales

Lo más importante de todo: tomar decisiones por adelantado es un factor importante en nuestra relación con Dios. Sabemos que somos salvos por gracia y no por nuestras obras ni por planear ni por disciplina. Nuestra vida espiritual es el don de Dios para nosotros, al igual que se nos dio nuestra vida física sin esfuerzo alguno de nuestra parte. Pero sin practicar la disciplina, no creceremos espiritualmente, como no creceríamos físicamente si descuidamos las disciplinas de comer, dormir y ejercitarnos.

Si tienes algún interés en llegar a desarrollar a plenitud tus posibilidades, es esencial que empieces a practicar la toma de decisiones por adelantado en tu vida espiritual. He descubierto tres cosas que tengo que hacer si mi vida espiritual ha de florecer. Primera, necesito participar regularmente en los servicios de adoración en mi iglesia. Segunda, necesito disponer un rato al día para tener contacto personal con el Señor. Tercera, necesito compañerismo con otros creyentes en algún tipo de servicio cristiano. Si no participo activamente en estos tres cometidos, me marchito. Me siento frustrado espiritualmente y parece como si Dios no me estuviera usando. Más tarde o más temprano cada verdadero creyente llega a la comprensión de lo que se requiere de él o ella para florecer como cristiano: los requisitos diarios o semanales de una vida espiritual saludable. Y aquí es donde entra la disciplina.

Cuando determinas lo que tiene que suceder regularmente para que florezcas en Cristo, es hora de tomar algunas decisiones por adelantado. Si a fin de crecer espiritualmente necesitas ser parte del cuerpo de Cristo cuando se reúne para adorar, toma por adelantado la decisión de estar allí... y ve. Di: "Está bien, *estaré* con el cuerpo de creyentes cuando se reúna. *Asistiré* a la iglesia cada domingo por la mañana". No esperes hasta el sábado por la noche, cuando llegues tarde y entonces te preguntes: "¿Me siento como para poner la alarma al reloj?" No preguntes: "¿Quién predica? ¿Sobre qué es el mensaje?" No mires por la ventana para ver qué tal está el tiempo. Ve porque ya has decidido hacerlo.

Del mismo modo, si necesitas tener un tiempo personal con el Señor cada día, encuentra el tiempo, señálalo en tu calendario, y mantén la cita. Quizás tienes tu devocional cuando te levantas por la mañana, cuando llegas a tu oficina, durante tu hora de almuerzo, o antes de irte a la cama por la noche. Puedes pasar el tiempo leyendo la Biblia, orando, escribiendo en tu diario o escuchando una cinta; cualquier cosa que te fortalezca en tu andar con el Señor. Estructura tu tiempo y actividades del modo que mejor se avenga a tus necesidades, pero no dejes a la suerte tu tiempo con el Señor. Toma por adelantado la decisión de mantener tu cita diaria con Él, y no faltes a ella.

Aferrándote con disciplina

Cuando llegas al punto en tu vida espiritual de decir: "Voy a utilizar el poder de la disciplina y comprometerme a reunir los requisitos mínimos", estás diciendo realmente: "Haré lo que sea. Estoy dispuesto a soportar la incomodidad y el dolor de invertir en la primera etapa para poder experimentar las bendiciones de florecer como cristiano el resto de mi vida". Estás tomando por adelantado la decisión de posponer la gratificación tanto como sea necesario para lograr los resultados que más deseas. Eso es disciplina.

Entonces, la esencia de la disciplina es posponer la gratificación, y la clave para practicar la disciplina, es tomar la decisión por adelantado. Pero algunos de ustedes están diciendo: "Yo no puedo hacer eso solo". De corazón crees en la gratificación pospuesta y con frecuencia has tratado de tomar decisiones por adelantado, pero tus esfuerzos se han quedado cortos. De algún modo tus elevadas resoluciones se derriten con el calor de la tentación o la agradable tibieza de la pereza.

Hay buenas noticias: Dios no espera que lo hagas solo. Él sabe que necesitas hermanos y hermanas que participen de la carrera contigo (de hecho, esa es una de las razones por las que los cristianos vienen a Dios como iglesia y no sólo como individuos). Si necesitas ayuda para aferrarte a tus decisiones, utiliza el poder de la rendición de cuentas. Pídele a dos o tres amigos que te pidan cuentas de tus decisiones. Diles: "He tomado estas decisiones por adelantado porque realmente quiero la recompensa. Por favor, manténgame apegado a ellas". Este es un tremendo salto hacia la disciplina. Además, Dios dice en Su Palabra que el Espíritu Santo te ayuda a conseguir disciplina en tu vida (Gálatas 5:23). Puedes confiar en Su ayuda.

¿Qué ventaja saco yo de eso?

La disciplina sin recompensas al final parecería más bien sombría. Afortunadamente, las recompensas de una vida disciplinada son enormes. Mike Singletary, reconocido jugador de los Osos de Chicago, [fútbol americano] es miembro de mi iglesia. He estado en su casa, y he visto la impresionante colección de equipo de entrenamiento que tiene en el sótano. Le dije: "Mike, los Osos tienen miles de dólares en equipo de entrenamiento en el Halas Hall. ¿Por qué quieres tener más en tu sótano?"

"Yo quiero ir más allá", me contestó. "Estoy dispuesto a pagar cualquier precio, porque, cuando llega el momento del juego, quiero estar listo". Por eso, después de todo un día de práctica, Mike con frecuencia se va a casa, baja al sótano, y continúa ejercitándose. ¿Cuáles son las recompensas para él? Ser capaz de jugar fútbol profesional; jugar en el Super Bowl; ser nominado como el mejor profesional durante tres temporadas.

Las recompensas de la disciplina son grandes, pero rara vez inmediatas. Cuando el mundo clama por la gratificación instantánea y las soluciones fáciles, es difícil escoger, en vez de eso, el camino de la disciplina. Pero nunca edificarás un andar con el Señor, un matrimonio, un cuerpo o una cuenta de banco, obedeciendo las leyes del mundo de gratificación inmediata. El día de pago vendrá a su tiempo, si soportas el dolor y la incomodidad ahora.

Preguntas para el estudio

1. ¿Se te ocurre algún modo específico en que puedas aplicar la posposición de la gratificación en tu vida ahora mismo?

2. Tomar decisiones por adelantado es vital para tomar decisiones sabias cuando la tentación viene provocando. Toma las siguientes áreas de tu vida y haz una lista de varias decisiones por cada una que debiera tomarse por adelantado: iglesia, trabajo, finanzas, relaciones, forma física y tiempo para el Señor.

3. ¿En qué otras áreas puedes pensar que necesitas se haga una lista similar?

Condensado de *Who You Are When No One's Looking* (Quién eres cuando nadie está mirando) por Bill Hybels. © 1987 por Bill Hybels. Usado con permiso de InterVarsity Press, P.O. Box 1400, Downers Grove, IL 60515

CAPÍTULO DIECINUEVE

NO CEDER MÁS A LA TENTACIÓN

POR TONY EVANS

Los grandes hombres son aquellos que ven que lo espiritual es más fuerte que cualquier fuerza material.

RALPH WALDO EMERSON

♦ ¿Recuerdas una antigua película llamada *The Blob* (El pegote)? Como lo recuerdo, un meteoro entró silbando en la atmósfera desde el espacio exterior, se estrelló en la tierra en un área boscosa, y se abrió. Mientras yacía allí brillando, un hombre se acercó y urgó en él con un palito. De pronto, violentamente, esta sustancia pegajosa cósmica subió por el palito hasta el brazo del hombre.

El hombre comenzó a gritar y a correr, haciendo todo lo imaginable para lograr sacudirse del cuerpo aquella sustancia parecida a la cola; pero mientras observábamos, el pegote comenzó a consumirlo. Mientras más hacía él por sacudirse el pegote, más completamente lo consumía, hasta que finalmente, desapareció. Aquella criatura que parecía un pegote lo había devorado.

Al proseguir la película, el pegote se hizo más y más grande, consumiendo todo lo que encontraba a su paso. Muy pronto, se estaba comiendo a todo el mundo en el pueblo. La gente corría en círculos y gritaba porque el pegote estaba dominándolo todo.

La tentación: Algo pequeñito llega muy lejos

Cuando pienso en la tentación, me acuerdo de *El pegote*. Como el pegote, la tentación es penetrante. No importaba si la gente en la película deseaba lidiar con el pegote. Estaba allí, y dispuesto a tragárselos. Su única opción era correr o ser tragados.

Así es con la tentación. Si estás vivo, estás en la lista. Es así de simple. La tentación te encontrará.

Ahora bien, el pegote empezó pequeñito. Era sólo un bultito de sustancia pegajosa y brillante que lucía interesante. El hombre que lo urgó con una varita no se sentía realmente amenazado en ese punto. Únicamente estaba curioso por ver lo que era.

La tentación usualmente empieza muy pequeñita también. No es más que una porcioncita. Alargamos el brazo para tocarla y un poquito se nos pega. Pero cuando tratamos de sacudirla, hallamos que es pegajosa. No importa lo que hagamos, no suelta. De hecho, empieza a subirse por nuestros brazos, comiéndonos hasta que nos consume.

La tentación es un hecho en la vida para todos nosotros, cristianos lo mismo que incrédulos. La diferencia es que si tú eres un hijo de Dios, tienes poder sobrenatural a tu disposición para decirle no a la tentación y vivir una vida que complazca a nuestro Creador.

Ahora bien, en caso de que no lo sepas ya, déjame darte dos noticias ahora mismo. La primera es que la Biblia jamás te condena por ser un hombre y tener los deseos de un hombre. Dios te hizo de ese modo. Tus deseos son normales. Se irán a la tumba contigo. Así que la respuesta a la tentación no es negar quién y qué eres.

La segunda, es que la Biblia nunca te permite dar excusas por un pecado, basándote en tu virilidad y tus deseos normales dados por Dios. ¿Por qué? Porque tu *tentación* para pecar no viene de Dios (Santiago 1:13-16). Y porque Dios ha hecho provisión para que triunfes sobre la tentación. Hablemos de eso.

Ganando la guerra contra el pecado —Primer paso: Limpiar la casa

Antes de que nos volviéramos cristianos, nuestra carne estaba bien entrenada en el mal por el diablo y el mundo, y desarrollamos apetitos pecaminosos. Algunos hombres pueden tener propensión a las drogas porque eso era lo que frecuentaban cuando estaban en la carne. Otros, pueden tener problemas con la inmoralidad sexual por la misma razón.

La carne es como un imán que atrae lo que es malo y contrario a Dios. Aquello con lo que tuviste contacto en tu vida ayuda a determinar qué atrae tu "imán". Algunos hombres están en peores condiciones que otros con respecto a esto, porque recibieron a Cristo a más edad y tuvieron muchos años para regodearse en sus apetitos para el mal. Incluso entre quienes se volvieron al Señor a muy temprana edad, la carne todavía tiene mucha oportunidad de expresarse. Esto es cierto porque todos pecamos cada día en las cosas que decimos, hacemos e incluso pensamos.

Ahora es importante que comprendamos esto: Cuando Dios nos redime y justifica, no arregla nuestra carne. Nunca desconectó el imán, aunque tú lo desearas.

Ese es el problema al tratar de complacer a Dios en la carne y hacer resoluciones de Año Nuevo y todas esas cosas. Todos esos son sólo intentos humanos de corregir la carne. Dios ya ha destinado la carne a la tumba. Algún día será comida para gusanos. Nuestra carne está tan corrompida por el pecado que en realidad es imposible corregirla. Una vez que entiendas eso, te ahorrarás el tratar de resolver tu lucha contra el pecado intentando que tu carne se porte bien.

Pero entre tanto, el volverse cristiano y vivir como tal es como mudarse a una casa donde los antiguos habitantes eran sucios y mugrosos, y sus cosas asquerosas fueron lanzadas por todas partes. Te mudas allí y empiezas a limpiar. Pintas las paredes, cambias la alfombra y los aparatos eléctricos, y al final, el lugar luce completamente diferente por dentro. Es la misma casa por fuera, pero por dentro es nueva de paquete.

Esto es lo que hizo Dios con nuestro ser interior cuando nos convertimos en herederos de la salvación. Eres una nueva persona por dentro. Puede que luzcas igual en lo físico, pero la historia es diferente espiritualmente: "Si alguno está en Cristo, nueva criatura es; las cosas viejas pasaron; he aquí, son hechas nuevas" (2 Corintios 5:17).

Ganando la guerra contra el pecado —Segundo paso: Confesar de plano tu problema

En este sentido, los cristianos tenemos doble personalidad de verdad. Un ser interior redimido desea complacer a Dios, mientras nuestra irredenta carne contaminada con el pecado trata de esclavizarnos otra vez. Tu ser interior, que ha sido hecho nuevo a la imagen de Dios, no desea pecar. Pero tu persona externa, la vieja naturaleza carnal, está acostumbrada a pecar y no quiere dejar de hacerlo.

Pablo sabía que había veces en que él fracasaba en complacer a Dios. Había veces en que perdía la batalla, porque dice en Romanos 7:23 que el pecado lo hace prisionero. Él es muy sincero y honesto con respecto a su lucha contra el pecado, y sí, incluso su derrota a manos del pecado.

Ese es nuestro problema igual que fue el de Pablo. Somos creyentes, pero nuestras naturalezas están empeñadas en una lucha muy real con la antigua carne por el control de nuestros apetitos y actos. Pero observa que Pablo no trata de excusarse ni de hacer concesiones al pecado. Él no dice: "No puedo remediarlo. No soy fuerte. Todos los demás lo hacen. De todas formas soy cristiano, así que un pecadillo no hará daño".

En vez de eso, dice que él sabe de lo que es capaz la carne; sabe que está tratando de entramparlo y esclavizarlo. Y sabe que necesita oponerse a la carne porque: "En mi hombre interior me deleito con la ley de Dios, pero veo otra ley en los miembros de mi cuerpo que hace guerra contra la ley de mi mente".

Ganando la guerra —Tercer paso: Desarrollando la sensibilidad espiritual

El que piensa que puede lidiar con la tentación es el cristiano inmaduro. Es el cristiano carnal el que dice: "Eso nunca me sucederá a mí. Yo nunca caería en eso".

El apóstol Juan escribió: "Mas si andamos en la luz, como él está en la luz (...) la sangre de Jesús Su Hijo nos limpia de todo pecado" (1 Juan 1:7). Esa es una acción continua, la sangre de Jesús nos sigue limpiando.

¿Cómo puede seguir limpiándonos del pecado la sangre de Jesús en tanto andamos en la luz? Porque es sólo cuando andamos en la luz que podemos ver nuestro pecado. Por ejemplo, un cristiano que no está andando en la luz, puede decir que el adulterio es malo, pero que la lujuria es normal. Pero un cristiano que anda en la luz de la Palabra de Dios, dice que el adulterio es malo y que la lujuria es igualmente odiosa. Su sensibilidad al pecado ha crecido porque llega a ver las cosas desde el punto de vista de Dios. Mientras más vemos de Dios, más vemos de nuestra propia pecaminosidad.

¿Cuál es la respuesta a este problema de la tentación y el pecado? ¿Cómo podemos conseguir la victoria sobre ellos en vez de rendirnos y despedirnos de nuestro futuro constantemente?

La solución aquí y ahora: el Espíritu Santo

Mira el resto de Romanos 7:25, "Así que yo mismo, por un lado, con la mente sirvo a la ley de Dios, pero por el otro, con la carne, a la ley del pecado".

Pablo dice: Tengo dos leyes obrando en mí. La ley del pecado me dice: "Ven, haz esto. Prueba eso. Toca esto". Y la ley de Dios me dice: "No, ven acá. Haz esto. No hagas eso. No toques esto".

Pero observa la nueva ley que Pablo presenta en Romanos 8:2, "la ley del Espíritu de vida". Esta ley o principio, el poder del Espíritu que mora en ti, te guardará de tener que obedecer la ley de la carne. No impedirá que sientas los deseos de la carne, pero te guardará de tener que actuar bajo esos deseos. Puede que sientas deseos de tomar drogas ilegales, pero no tienes que tomarlas. Puedes sentir deseos de cometer inmoralidades, pero no tienes que dejarte arrastrar por esa tentación. Puedes sentirte tentado, pero no tienes que ceder a los deseos de la carne.

¿Recuerdas nuestra película *El pegote*? Trataron toda forma imaginable de deshacerse de aquella pila de pegamento cósmico. Le dispararon y lo bombardearon, pero cada vez que lo desmenuzaban en mil pedacitos, se juntaba de nuevo; o así fue hasta que alguien por casualidad le echó hielo. Descubrieron entonces que el pegote no podía con el frío.

VICTORIA SOBRE LA TENTACIÓN

Así que empezaron a rociarlo con cosas frías. El frío no lo destruyó, pero lo paralizó hasta que pudieron moverlo a un lugar donde estuvo perpetuamente frío. De ese modo, no pudo volver a causar problemas. Aunque no pudieron deshacerse del pegote, pudieron controlarlo cambiándole el ambiente.

Eso es lo que Dios quiere que hagamos con nuestro "pegote", nuestra propensión al pecado. Necesitamos cambiar su ambiente. No podemos alimentar la carne y esperar triunfar en el Espíritu. Necesitamos matar de hambre a la carne y alimentar el espíritu, porque cuando lo hacemos así, la ley del Espíritu trasciende la ley de la carne.

No se nos fuerza a pecar. El diablo es un ser muy poderoso, pero todo lo que puede hacer es tentarnos e influirnos. Si estás alimentando el espíritu dentro de ti mediante la oración, el estudio de la Biblia, y la participación en la adoración en una iglesia donde se enseña la Palabra de Dios, puedes vencer la ley del pecado y de la muerte. Si matas de hambre a tu carne negándole las revistas, libros, películas y otros alicientes por los que clama, puedes domesticar tus malos deseos.

Preguntas para el estudio

1. ¿Cuál es la función de la "ley del Espíritu de vida" a que se refiere Pablo en Romanos 8?

2. Debido a esta "ley", los cristianos tienen la capacidad de resistir la tentación. ¿Sientes obrar esta ley en tu propia vida? Explícalo.

3. La cooperación con el Espíritu es un ingrediente clave para la victoria sobre la tentación. ¿Qué puedes hacer para ayudarte a cooperar más completamente con el Espíritu?

Adaptado de *Be the Man God Made You to Be* (No más excusas: Sé el hombre que Dios hizo cuando te formó), por Tony Evans. ©1996, páginas 133-148. Usado con permiso de Good News Publishers/Crossway Books, Wheaton, IL. 60187. Información para ordenar, 1-800-635-7993. También disponemos de una versión en audio.

CAPÍTULO VEINTE

UN ANTÍDOTO PARA LOS ARDIDES DE SATANÁS

POR CHARLES SPURGEON

Y la serpiente era más astuta que cualquiera de los animales del campo que el Señor Dios había hecho.

GÉNESIS 3:1

Esa "serpiente antigua", llamada diablo, Satanás, engañador o mentiroso, es ese de quien nuestro Señor Jesús le dijo a los judíos: "Cuando habla mentira, habla de su propia naturaleza, porque es mentiroso y el padre de la mentira" (Juan 8:44). Dios se complació en la creación para darle astucia a muchas bestias; a algunas, astucia combinada con fuerza, y a otras, instintos de la más maravillosa sabiduría. Pero todos los instintos sabios y la astucia de las bestias del campo, se quedan muy atrás de la sagacidad de Satanás. Incluso el hombre, aun mucho más sagaz que cualquier otra criatura, no puede enfrentar la sagacidad de Satanás.

Satanás es el maestro engañador y es capaz de vencernos por muchas razones. La primera razón por la que Satanás debe ser artero es por ser *malicioso*, porque la malicia es, de todas las cosas, la que más produce ardides. Cuando un hombre es vengativo, es asombroso cuán sagaz es para encontrar oportunidades de golpear. Cuando la hostilidad y el aborrecimiento poseen su alma por completo, que derraman el veneno en su misma sangre, se volverá extremadamente hábil en los medios que usa para provocar y herir a su adversario. No, no hay uno más lleno de malicia contra el hombre que Satanás, como él lo prueba cada día, y esa malicia agudiza su sabiduría inherente para que se vuelva extraordinariamente astuto.

VICTORIA SOBRE LA TENTACIÓN

Satanás muy bien puede ser astuto y sagaz ahora —en verdad pudiera decir que más astuto de lo que fue en los días de Adán— porque ha estado tratando con la raza humana mucho tiempo. La vez en que tentó a Eva fue su primer trato con la humanidad, pero desde entonces ha ejercitado mucho todas sus ideas diabólicas y sus enormes poderes para molestar y arruinar a los hombres. No hay un santo a quien él no haya acosado ni un pecador a quien no haya engañado. Junto con sus tropas de espíritus malignos, ha ejercido continuamente un control terrible sobre los hijos de los hombres; Por consiguiente, es muy diestro en todas las artes de la tentación.

Supongo que no hay nada en la naturaleza humana que Satanás no pueda descifrar. Aunque sin dudas él es el más grande necio que jamás haya existido, también sin dudas es el más experto de los necios. Pudiera añadir que no es una gran paradoja, porque el artificio siempre es insensatez y la maña no es más que otro aspecto de la desviación de la sabiduría.

Primero, definiré la maña y astucia de Satanás, y los métodos con que ataca nuestra alma. Segundo, les haré unas advertencias con respecto a la sabiduría que tenemos que ejercer contra Satanás y el único medio que podemos emplear con efectividad para impedir que su astucia sea el instrumento de nuestra destrucción.

Las mañas y la astucia de Satanás

Satanás revela sus mañas y astucia por *los métodos de su ataque*. Él no ataca con incredulidad y desconfianza al hombre calmado y tranquilo. A un hombre así lo ataca en un punto más vulnerable que ese: egoísmo, autosuficiencia, mundanalidad; esas serán las armas que empleará contra él.

Creo que Satanás rara vez ataca a un hombre en un lugar fuerte, sino que generalmente busca el punto débil, el pecado que lo acosa. "Ahí", se dice, "ahí dirigiré mi golpe". ¡Dios nos ayude en la hora del combate y el momento del conflicto! En realidad, a menos que el Señor nos ayude, este enemigo mañoso puede fácilmente encontrar suficientes hendiduras en nuestra armadura y lanzarnos pronto la flecha mortal dentro de nuestra alma, a fin de que caigamos heridos ante él.

Pongan atención a sí mismos, por lo tanto: "Revestíos con toda la armadura de Dios" (Efesios 6:11); "Sed de espíritu sobrio, estad alertas. Vuestro adversario el diablo, anda al acecho como león rugiente, buscando a quien devorar. Pero resistidle firmes en la fe" (1 Pedro 5:8-9); ¡y Dios te ayuda a prevalecer sobre él!

Una segunda cosa que descubre su astucia es *las armas que con frecuencia empleará contra nosotros*. Algunas veces ataca al hijo de Dios con recuerdos de los días en que estaba en la carne. Otras veces, Satanás usará el arma de nuestra propia experiencia. "¡Ah!" te dirá, "tal día tú pecaste de este modo. ¿Cómo puedes ser un hijo de Dios?" En otro momento te dirá: "Tú eres un santurrón; por lo tanto, no puedes heredar el cielo". Entonces empezará a desenterrar todas las viejas historias que nosotros hemos olvidado hace mucho tiempo de todos nuestras pasadas incredulidades, nuestros pasados vagabundeos, y todo eso, y nos las echará en cara diciendo: "¡Qué! ¿Tú, tú un cristiano? ¡Tremendo cristiano tienes que ser!"

O es posible que empiece a tentarte con el ejemplo de otro: "Fulano es un creyente y lo hizo. ¿Por qué no puedes hacerlo tú? Fulano lo hace, y le sale bien y es tan respetado como tú". ¡Ten mucho cuidado, porque Satanás sabe cómo escoger sus armas! Si tú eres un gran gigante, él no viene abiertamente contra ti, con una honda y una piedra. Él viene armado hasta los dientes para hacerte pedacitos.

Las artimañas del diablo se descubren en otra cosa: *en los agentes que utiliza*. El diablo no siempre hace solo todo su trabajo sucio; con frecuencia emplea a otros que lo hagan por él. Cuando quiso vencer a Sansón, tenía lista una Dalila para tentarlo y guiarlo a la perdición. Satanás sabía cómo era Sansón, cuál era su punto débil, y por consiguiente, tentó a Sansón por medio de la mujer que amaba. Un viejo adagio dice: "Hay muchos hombres a quienes les ha roto la cabeza su misma costilla"; y eso es cierto. Satanás algunas veces usa al propio esposo de una mujer para lanzarla a su destrucción, o ha empleado algún amigo querido como instrumento para lograr su ruina.

Satanás muestra su astucia por los momentos en que nos ataca. Yo pensaba, cuando estaba enfermo, que si sólo pudiera levantarme de la cama otra vez y fortalecerme, le daría al diablo la más terrible paliza por el modo en que me atacaba cuando estaba enfermo. ¡Cobarde! ¿Por qué no esperaba hasta que yo estuviera bien? Pero siempre encuentro que si mi espíritu está decaído y estoy en baja, Satanás escoge especialmente ese momento para atacarme con incredulidad. Si viene a nosotros cuando la promesa de Dios está fresca en mi memoria y estamos disfrutando un tiempo de dulce derramamiento del corazón en oración ante Dios, ya verá cómo lucharemos contra él entonces. Pero no, él sabe que entonces tenemos la fortaleza de resistirlo, y permaneciendo con Dios, seremos también capaces de prevalecer sobre el diablo. Por lo tanto, se nos echa encima cuando hay una nube entre nosotros y Dios. Cuando el cuerpo está deprimido y el espíritu está débil; entonces nos tentará y tratará de conducirnos a desconfiar de Dios.

¿Qué deberemos hacer con este enemigo?

Nuestro deseo es entrar en el reino del cielo, y no podemos entrar en él mientras estemos inactivos. La Ciudad de la Destrucción está detrás de nosotros, y la muerte nos persigue. Tenemos que apresurarnos hacia adelante, al cielo, pero en el camino se yergue este "león rugiente, buscando a quién devorar". ¿Qué debemos hacer? Él es muy astuto. ¿Cómo podemos vencerlo? Debemos tratar de ser tan astutos como él? Esa sería una tontería; en realidad, sería un pecado. Tratar de ser mañoso como el diablo, sería tan malvado como inútil. ¿Qué debemos hacer entonces? ¿Debemos atacarlo con sabiduría? Por desgracia ¡nuestra sabiduría no es más que locura! "El hombre tonto se hará inteligente" pero cuando más, no es otra cosa que "el pollino de un asno montés" (Job 11:12). Entonces ¿qué haremos?

El único modo de repeler la astucia de Satanás es *adquiriendo la verdadera sabiduría*. Una vez más repito: el hombre no tiene nada de eso en sí mismo. ¿Entonces qué? He aquí la verdadera sabiduría. Si has de luchar contra Satanás con éxito, haz de la Santa Escritura tu diaria comunión. De esta sagrada Palabra saca continuamente tu armadura y tu munición. Aférrate a las gloriosas doctrinas de la Palabra de Dios; conviértelas en tu diaria comida y bebida. A fin de que estés fuerte para resistir al diablo, y tendrás gozo al descubrir que él huye de ti.

Por encima de todo, si hemos de resistir con éxito a Satanás, tenemos que mirar no sólo a la sabiduría revelada, sino a la *Sabiduría Encarnada*. ¡Ahí tiene que estar el principal lugar de recreo de toda alma tentada! Tenemos que correr a Él "el cual se hizo para nosotros sabiduría de Dios, y justificación, y santificación y redención" (1 Corintios 1:30). Él tiene que enseñarnos, Él tiene que guiarnos, Él tiene que ser nuestro Todo en todo. Tenemos que permanecer cerca de Él en comunión. Las ovejas jamás están tan a salvo del lobo como cuando se hallan cerca del pastor. Nunca estaremos tan seguros y a salvo de las flechas de Satanás como cuando nuestra cabeza descansa en el regazo del Salvador. Creyente, anda de acuerdo a Su ejemplo, vive diariamente en Su compañerismo, confía siempre en Su sangre, y de este modo serás más que vencedor sobre la astucia y las mañas del mismo Setanás.

Tiene que ser un gozo para el cristiano saber que, a la larga, las mañas de Satanás serán todas derrotadas y sus planes malignos contra los santos no tendrán efecto. ¿No estás esperando el día en que todas tus tentaciones se acaben y llegues al cielo? ¿Entonces no mirarás hacia abajo a este archienemigo riéndote de él con risa y burla santa? En tanto Satanás ha procurado destruir el árbol vivo, tratando de desarraigarlo, ha sido sólo como un jardinero que cava con su azadón y suelta la tierra para ayudar a que las raíces puedan extenderse más. Y cuando ha estado con su hacha buscando talar los árboles del Señor y estropear su belleza, ¿qué ha sido él, después de todo, sino un cuchillo podando en la mano de Dios para quitar las ramas que no daban fruto y podar las que tenían alguno, para que pudieran dar más fruto?

Hubo una vez, sabes, en que la iglesia de Cristo era como un arroyuelo que corría por un estrecho lecho. Sólo unos pocos santos estaban reunidos en Jerusalén, y el diablo pensó: "Ahora tomaré una gran roca y detendré al arroyuelo para que no corra". Así que trajo la gran piedra y la lanzó en medio del arroyuelo, pensando, por supuesto, que detendría su curso. En vez de lograr eso, dispersó las gotas por todo el mundo, y cada gota se convirtió en la madre de una fuente fresca. Ya sabes cuál fue esa piedra: fue la persecución, y los santos fueron esparcidos por ella. Pero entonces: "Así que los que habían sido esparcidos, iban predicando la palabra" (Hecho 8:4), y así se multiplicó la iglesia y el diablo quedó derrotado.

Satanás, oye lo que te digo en tu cara: eres el mayor necio que haya existido jamás, y te lo probaré en el día en que tú y yo estemos como enemigos —enemigos jurados como somos hoy— ante el trono de Dios. Y para que puedas decirle esto a él cuando te ataque: No le temas, sino resístele firme en la fe, y tú prevalecerás.

Preguntas para el estudio

1. ¿Cuál es el área de debilidad en tu vida que Satanás encuentra más fácil de atacar?

2. ¿Cuál es la fortaleza en tu vida que piensas es la que Satanás encuentra más difícil de penetrar?

3. ¿Cuáles son dos de las mayores armas que tiene el cristiano a su disposición para luchar contra Satanás?

Tomado de *¿Guerra espiritual en la vida de un creyente?* por Charles Spurgeon. © 1993 por Lance Wubbels, ed. Publicado por Emerald Books. Usado con permiso.

TERCERA PARTE

La pureza sexual

"Si has recibido al Espíritu y estás obedeciéndolo, hallarás que trae a tu espíritu completa armonía con Dios, y el sonido de tus idas y el sonido de las ida de Dios son uno y el mismo".

OSWALD CHAMBERS

"Si haces un compromiso sin rendición, puedes permanecer interesado en la vida abundante, todas las riquezas de la libertad, el amor y la paz, pero es lo mismo que mirar a una exhibición en la vitrina de una tienda. Miras a través de la vitrina, pero no entras a comprar. No pagarás el precio... rendirte [a Cristo]".

E. STANLEY JONES

"Buenos pensamientos dan buenos frutos, malos pensamiento dan malos frutos; y el hombre es su propio jardinero".

JAMES ALLEN

La obediencia significa seguir adelante, tanto si lo deseamos como si no. Muchas veces avanzamos a pesar de nuestros deseos en contra. La fe es una cosa, el deseo es otra".

DWIGHT L. MOODY

Pureza Sexual:
CONTRARRESTANDO LA DEVASTADORA EPIDEMIA

POR BRUCE H. WILKINSON

♦ Recuerdas el primer día en que viste una? Puede haber sido tu hermano mayor, o puedes haber tropezado con ella debajo de algunas viejas cajas en el armario o la gaveta de tu papá. O quizás la encontraste en medio de una pila de basura alrededor de la cual jugabas en un campo abandonado. No podías creerlo. ¡Ella no tenía ropa puesta! Quiero decir, ninguna. Y era hermosísima. La mujer más perfecta que podías haber imaginado.

La primera vez no fue una decisión formal. Quizás fue un contacto inocente con la pornografía. Pero entonces la escondiste. Probablemente allí mismo cerca de donde la encontraste, pero un poquito más fuera de la vista. Y planeaste cuándo pudieras darte una escapada para volver a ese mismo lugar del bosque...

Pero ahora la vida es diferente, ¿no es así? En lugar de tener que esconderte en el bosque, está ahí mismo en tu cara. A cada vuelta. Y más poderosa y compulsora. Más erótica porque aquella bellísima mujer ahora ha salido de la página y está en la videocinta que alquilaste. O en la red de cable, o cae del "cielo" milagrosamente por tu plato de satélite. O sale del más nuevo "sistema mundial de entrega": la Internet. Una revista nacional de noticias informó hace poco que en un mes, un espacio pornográfico había recibido más de 6,000.000 visitas; ¡6 millones!

Esto sí que es grande ¿no te parece? Las últimas estadísticas captan el tamaño de esta epidemia, en que de diez cristianos, más de seis admiten abiertamente que enfrentan un gran problema con la inmoralidad sexual. En lo que se refiere a los hombres, no hay pecado mayor alguno que ni siquiera se acerque a esta epidemia.

¿Cuán malo es?

¿Cómo nos va en esta lucha? Mira atrás hace diez años y di ¿cómo estaba, comparado con hoy? ¿Y hace 20 años? ¿Y hace 50 años?

Esta epidemia se está diseminando como un fuego de malezas, y el fuego ha descubierto que arde tan bien en las iglesias como en la taberna local. ¿Sabes? lo que arde no es la madera de los edificios, sino la lujuria de los hombres. Dondequiera que hay hombres, la epidemia está rugiendo desenfrenada, sin señales de consumirse o apagarse. Las víctimas quemadas están por todas partes.

Las épocas son diferentes, pero la lujuria de los hombres, no. El apóstol Pablo escribió a hombres y mujeres cuya sociedad era aun más inmoral que ésta y captó la esencia de la voluntad de Dios y tu sexualidad: "Porque esta es la voluntad de Dios: vuestra santificación; es decir, que os abstengáis de inmoralidad sexual" (1 Tesalonicenses 4:3).

> NO IMPORTA CUÁNTOS PLACERES TE OFRECE SATANÁS,
> SU INTENCIÓN FINAL ES ARRUINARTE.
> SU MAYOR PRIORIDAD ES TU DESTRUCCIÓN.
>
> **ERWIN W. LUTZER**

¿Te has preguntado alguna vez: "Desearía saber cuál es la voluntad de Dios para mi vida"? Esta es la pregunta más directa de toda la Biblia. La voluntad de Dios es tu santificación (que tiene la misma raíz que la palabra *santidad*); específicamente, que te abstengas de la inmoralidad sexual. La santificación se refiere al proceso de ser santo y apartado para Dios, para su servicio.

Cuando lees la Biblia, no puedes pasar por alto la importancia vital que tiene nuestra sexualidad, no sólo para nosotros mismos y para otros, sino también para Dios mismo. Si los hombres y las mujeres no ponen su sexualidad bajo el control de Dios, no serán capaces de volverse un pueblo santo. La inmoralidad sexual es un pecado de umbral. A un lado del umbral está la inmoralidad y al otro, la pureza. A un lado está la culpa, la mentira, el engaño, la adicción y la vergüenza, y en el otro lado está la liberación, la honestidad, la transparencia, la libertad y una consciencia clara. Los creyentes que están atados a la inmoralidad, encuentran que a menos que consigan la victoria en este campo, no pueden crecer en santidad o servir al Señor con pasión y poder.

Cómo ponerse bajo el control de Dios

A veces la gente comenta que la Biblia es un libro chapado a la antigua, anticuado e insignificante, que no lidia con el quid de los problemas reales de la vida en el siglo veinte. Cuando oigo eso, siempre me pregunto si alguna vez buscaron por toda la Biblia, pues parece que usualmente es más directa y precisa acerca de los problemas actuales que ningún periódico, revista o boletín contemporáneos. He aquí lo que dice:

> No obstante, por razón de las inmoralidades, que cada uno tenga su propia mujer, y cada una tenga su propio marido. Que el marido cumpla su deber para con su mujer, e igualmente la mujer lo cumpla con el marido. La mujer no tiene autoridad sobre su propio cuerpo, sino el marido. Y asimismo, el marido no tiene autoridad sobre su propio cuerpo, sino la mujer. No os privéis el uno del otro, excepto de común acuerdo y por cierto tiempo, para dedicaros a la oración; volved después a juntaros, a fin de que Satanás no os tiente por causa de vuestra falta de dominio propio (1 Corintios 7:2-5).

Los dos problemas mayores con los hombres en su vida sexual, tienen que ver con la "inmoralidad sexual" y con el "dominio propio". ¿Observaste que estos versículos emplean las palabras "por razón de las inmoralidades" y "por causa de vuestra falta de dominio propio"? La respuesta de Dios a ambos asuntos ¡es el preciso tema de este párrafo! De hecho, creo que la Biblia enseña que ambos asuntos —la inmoralidad sexual y el dominio propio— han de resolverse con la misma solución dada por Dios.

¿Cuál es esa solución? "Que cada uno tenga su propia mujer, y cada una tenga su propio marido". La relación matrimonial es la primera provisión de Dios para tus impulsos sexuales y su completa expresión y satisfacción. Es muy interesante que las dos veces que el verbo *tener* se usa en este versículo, es en el imperativo. Esta no es una opción o una sugerencia, sino una orden. Por causa de la inmoralidad sexual, Dios quiere que tú tengas tu *propia* esposa (a menos, por supuesto, que te haya sido concedido el don del "celibato", el cual supongo sea un don inusual).

Ahora bien, ¿por qué diría Dios que la solución a la inmoralidad sexual (varias clases y múltiples tentaciones) es tu esposa o esposo? Porque la satisfacción adecuada de tu impulso sexual y tu amor y afecto emocionales, ha de estar sólidamente enfocado en la persona de tu esposa. Cuando Dios creó a los humanos, los creó varón y hembra, y desde el principio, creó una mujer para un hombre. No muchas mujeres para un hombre, ni hombres para hombres, sino una mujer para un hombre, para toda la vida.

Pero ¿y lo que está dentro?

Desgraciadamente, el matrimonio controla únicamente los pecados externos de la inmoralidad. También hay pecados internos de inmoralidad que no pueden controlarse con medios externos.

En Colosenses 2:20-23, Pablo reprende a la iglesia colosense por someterse a "preceptos (...) según los preceptos y enseñanzas de los hombres". Esta gente estaba tratando de ser muy santa y hacer las cosas correctas para ganar el favor de los hombres. Pero Pablo vio el trasfondo y les dijo: "Tales cosas tienen a la verdad, la apariencia de sabiduría en una religión humana, en la humillación de sí mismo y en el trato severo del cuerpo, pero carecen de valor alguno contra los apetitos de la carne". La carne es un enemigo de Dios que vive dentro de ti. Es un poder interno que está contigo dondequiera que vayas, pero no puedes derrotarlo con fuerzas externas.

Sin embargo, Pablo no sólo amonesta a la iglesia colosense, sino que también les dice cómo derrotar a este adversario encarnizado:

Si habéis, pues, resucitado con Cristo, buscad las cosas de arriba, donde está Cristo sentado a la diestra de Dios. Poned la mira en las cosas de arriba, no en las de la tierra. (Colosenses 3:1-2, énfasis añadido).

Si has aceptado a Cristo como tu Salvador personal, has sido elevado con Él a una nueva vida, y has dado el primer paso en la derrota de la carne. A continuación, Pablo te ordena "poner la mira en las cosas de arriba". Para aclararlo, Pablo dice de otro modo en Gálatas 5:16, "Digo, pues: Andad por el Espíritu, y no cumpliréis el deseo de la carne".

La victoria sobre tu carne —y con eso el triunfo sobre la tentación sexual— se logra viviendo en el Espíritu. No te enfoques en tu carne; concéntrate en el Espíritu y la Palabra de Dios, la cual Él iluminará. De hecho, Romanos 8:5 dice esta verdad: "Porque los que viven conforme a la carne, *ponen la mente en* las cosas de la carne, pero los que viven conforme al Espíritu, *[ponen la mente en]* las cosas del Espíritu."

Así que cuando buscas la victoria sobre la tentación sexual, puedes hacerte esta pregunta: ¿Cuánto piensas en el Espíritu Santo? ¿Lo "entristeces" con tus pensamientos pecaminosos y "constriñes" por desatender a sabiendas Sus deseos? Sólo volviéndote un hombre del Espíritu puedes volverte un hombre que "no sea de la carne".

> CUANDO SOMOS OBEDIENTES, DIOS GUÍA NUESTROS PASOS Y NUESTRAS PARADAS.
>
> **CORRIE TEN BOOM**

CAPÍTULO VEINTIUNO

EL PROBLEMA DE "PLAYBOY"

POR ROBERT LOUIS COLE

Crea en mí, oh Dios, un corazón limpio, y renueva un espíritu recto dentro de mí.

SALMO 51:10

"Tengo un problema", dijo tímidamente la joven. Fue al cierre de una reunión de oración al mediodía para los empleados de un gran ministerio de la Costa Este. Yo acababa de concluir un breve estudio bíblico y despedir la reunión, cuando la muchacha me hizo a un lado para una oración privada.

"¿Cuál es el problema?", le pregunté.

"Tengo un problema", repitió evasivamente.

"Sí", repliqué, preguntándome si me habría oído bien, "exactamente ¿en qué podemos ponernos de acuerdo para orar?"

El rostro se le tensó y los ojos se le llenaron de lágrimas: "No sé en realidad", tartamudeó mordiéndose el labio, "pero tengo un problema muy grave".

Traté de ser firme sin ser rudo: "El nuestro es un Dios de especificidades, no de generalidades", le expliqué. "Me dará mucho gusto orar con usted, pero necesito saber la naturaleza de su problema para poder orar específicamente. Nadie más lo sabrá, sólo usted y yo".

"Bueno, en realidad no sé cuál es mi problema", respondió con voz entrecortada. "Pero mi esposo dice que yo tengo un problema".

Intenté otra vez: "¿Cuál dice su esposo que es su problema?"

"Dice que no lo comprendo", dijo por fin, atormentada por cada palabra.

"¿Qué es lo que usted no comprende?", pregunté.

De repente, comenzó a llorar desconsolada y amargamente.

"Mi esposo guarda revistas en su lado de la cama", murmuró entre sollozos. *"Playboy* y *"Penthouse"*, y esas otras revistas de mujeres. Dice que las necesita para estimularlo".

Sacó la frase como con un sacacorchos, mientras le corrían las lágrimas por las mejillas.

"Le dije que él no necesita en realidad esas revistas, pero él dice que yo no lo comprendo. Que si yo lo amara en realidad, comprendería por qué tiene que mirar las revistas y lo dejaría tener más".

"¿A qué se dedica su esposo?" inquirí.

"Es un ministro de jóvenes".

Me quedé parado, incrédulo, mientras asimilaba lo que ella estaba diciéndome. ¡Estaba escuchando a esta mujer decirme que su esposo era un ministro de jóvenes que guardaba una pila de literatura pornográfica junto a su cama!

"Su esposo puede ser un ministro de jóvenes", le respondí suavemente, "pero también es un pornógrafo".

La mujer alzó la cabeza en atención. Fue como si yo le hubiera dado una sonora bofetada. Jamás había esperado que a su esposo le dijeran pornógrafo. Y no obstante, su estilo de vida lo hacía exactamente eso.

En esta era moderna no tenemos pecados. Tenemos problemas. Hemos psicologizado el Evangelio, y en el proceso, hemos eliminado la palabra *pecado* de nuestro vocabulario.

Pero yo tengo necesidades

Una vez, una mujer vino a mí con una historia triste. Su esposo la había tratado muy mal durante años, y al final la había abandonado, planteándole el divorcio. Miembro de la iglesia, cristiana confesa durante muchos años, ahora estaba sola... y se sentía solitaria.

Impulsada por sus emociones, fue a una ciudad cercana y pasó el fin de semana con un hombre. Según expresó, tenía "necesidades biológicas".

"¿Usted se da cuenta de lo que ha hecho?", le demandé cuando se sentó en mi oficina.

La dama fue tomada por sorpresa: "¿Por qué? ¿De qué me habla?"

Los ojos se le desorbitaron y se sonrojó de golpe. Se ofendió porque la llamara adúltera. Y sin embargo, habiendo cometido adulterio, era una adúltera.

Para ella no había sido un pecado; sólo un problema que tenía.

Hoy en día no hablamos de pecados; hablamos de problemas. La razón para que los problemas sean más convenientes que los pecados es que no tenemos que hacer nada por ellos. Si sólo tienes un problema, por su causa puedes inspirar simpatía, o comprensión, o ayuda profesional, para nombrar sólo unos pocos. Por otra parte, de los pecados tenemos que arrepentirnos, confesarlos y dejarlos.

No en balde Freud quería deshacerse de la palabra *pecado*

Resolviendo bíblicamente los problemas

En el proceso de reescribir el lenguaje de la Biblia, hemos escapado a una confrontación con nuestros pecados. Pero sin esa confrontación no hacemos nada por ellos. Todos los problemas de la vida, de algún modo, están fundados en el pecado. Por eso es que el hombre necesita un Salvador de sus pecados como respuesta a sus problemas. Dios lo sabía. Por eso Jesucristo vino a morir por nuestros pecados y ser la respuesta a todos nuestros problemas.

La disciplina de la iglesia, hoy en día, con frecuencia es demasiado laxa, débil o no existe. El apóstol Pablo propugnaba la disciplina. Si alguien se llama a sí mismo hermano, Pablo escribió, y mantiene un estilo de vida o hábitos pecaminosos, no te reúnas con él; ni siquiera almuerces con él. Nada de compañerismo.

"Sino que en efecto os escribí que no anduvierais en compañía de ninguno que, llamándose hermano, es una persona inmoral, o avaro, o idólatra, o difamador, o borracho, o estafador; con ése, ni siquiera comáis" (1 Corintios 5:11).

Al contrario de lo que tú o cualquier otro pudiera pensar, este es un acto de amor, no de odio. ¿Ves? Dios tiene formas que están por encima de las nuestras como los cielos están por encima de la tierra.

Pablo tenía la mente del Señor cuando escribió estas palabras. Si una persona que se llama a sí mismo cristiano continúa en su pecado inmunemente y se le permiten los privilegios de un miembro de todo derecho, no tiene incentivo para enfrentar y confesar y hacer a un lado su pecado. ¿Por qué habría de cambiar? ¿Si tiene su pecado y todavía goza de la aceptación de los creyentes?

Con frecuencia, cuando se la disciplina, la persona que comete el pecado tiende más bien a admitir que existe un problema, o que es desgraciada, y se quejará y llorará.

El pesar es humano cuando nos lamentamos sólo porque nos descubrieron. El pesar es santo cuando nos dolemos por el pecado y sentimos el deseo de eliminarlo.

Si Pablo viviera en nuestros días, estaría refutando a los humanistas seculares del tímido siglo veinte, poniendo sitio a las fortalezas del pensamiento moderno que se han apoderado de nuestras mentes y nos han cegado para la verdad. Es cierto que hay espíritus seductores y doctrinas de demonios. Los vemos obrar en nuestro mundo hoy. Hemos sido seducidos para pensar que tenemos problemas en vez de pecados. Nuestras doctrinas modernas, surgidas de vidas desprovistas de la vida de Dios, nos dicen que "Yo estoy bien y tú estás bien", en lugar de "Todos hemos pecado y estamos destituidos de la gloria de Dios..."

La disciplina en acción

Salí a tomar café con un pastor fortificado. Casi había perdido su iglesia.

El problema de "Playboy"

Los miembros del coro de su congregación habían sabido por largo tiempo que el ministro de música había cometido actos de homosexualidad. Ya era público el asunto.

Durante mucho tiempo nadie dijo palabra. Todos estaban esperando que algo sucediera y que hubiese un cambio. Por último, el secreto se filtró y finalmente se le dijo al pastor. Después de mucha oración y búsqueda diligente de la verdad, llegó el momento en que el pastor y el ministro de música se entrevistaron y enfrentaron el asunto. El ministro de música lo admitió todo.

El pastor le dijo: "Tienes que hacer una de dos cosas: o te arrepientes, o renuncias".

El ministro de música sopesó las opciones y tomó su calculada decisión. No haría ninguna de las dos cosas. En lugar de eso, comenzó a circular entre los miembros del coro, y después entre el resto de la congregación, implorando concesiones.

Al cabo, una delegación de los miembros del coro se acercó al pastor. El vocero planteó: "Usted no entiende. Él simplemente tiene un problema. Si lo rodeamos de amor y comprensión, eso lo ayudará y se deshará de él".

Las líneas de batalla estaban trazadas. La delegación se dispersó por la iglesia, atizando los fuegos e indisponiendo a los otros miembros de la iglesia contra el devoto pastor, a quien acusaban de ser insensible. Se levantó un escándalo. Se celebró una reunión tumultuosa, y por la intervención divina, el pastor devoto prevaleció y permaneció.

El ministro de música se fue, junto con muchos de sus simpatizantes. La iglesia atravesó un período muy difícil, pero Dios justificó la posición del pastor devoto. Hoy en día, esa iglesia es más fuerte que antes de la crisis. El pastor mismo es un hombre más fuerte.

Sabiduría humana contra Sabiduría Divina

La sabiduría humana ha deformado la verdad evangélica. La diferencia entre la sabiduría humana y la divina, cuando se trata de pecado, es que la sabiduría humana quiere taparlo. Adán trató de hacerlo en el jardín. Primero, fue simbólico que él cubriera su desnudez. Después, fue más que simbólico cuando inició el proceso de autojustificación, echándole a Eva la culpa de su desobediencia y su fracaso, a fin de cubrir su pecado.

Cúbrete tú; culpa a otro.

Esa sabiduría humana defectuosa, incorrecta, todavía está funcionando hoy. Watergate se volvió el ejemplo clásico moderno de encubrimiento. El cansado aunque resuelto pastor, rehusó permitir que la sabiduría humana y el mero sentimentalismo se interpusieran en el camino de la rectitud divina. Él no permitiría que el pecado quedara encubierto y se le llamara "problema". La sicología conductista no tiene un libro de texto adecuado para lidiar con el espectro de los dilemas humanos. Dios escribió el libro sobre la salvación del pecado mucho antes de que la sicología viniera a "resolver los problemas".

Dios nos ordena que obedezcamos Su Palabra. Él no permite lo que está de moda cuando eso viola Su soberana Palabra. Nuestra actitud moderna de *laissez-faire* [dejar hacer] no es atractiva para Dios sino una abominación, y Él nos ordena —no nos invita, sino que nos ordena— que nos arrepintamos y obedezcamos.

La brecha entre la sabiduría humana y la divina es inimaginablemente ancha. En nuestra sabiduría carnal, hemos reordenado nuestro sistema de valores de acuerdo con nuestros apetitos. El hombre mira orgulloso su tecnología espacial, su traje Niemann-Marcus, una lastimosa revista *Time* y piensa que es sabio. Enseña o aprende filosofías que sólo pueden suministrar preguntas pero no respuestas. Se casa con una ciencia que se burla de la creación bíblica, y sin embargo, es incapaz de proporcionar otra cosa que una teoría que no se ha probado, por la cual cree en la evolución.

"¿Quién es sabio y entendido entre vosotros?", pregunta Santiago 3:13. "Pero si tenéis celos amargos y ambición personal en vuestro corazón, no seáis arrogantes". Nuestro mundo tan perturbado —lleno de envidia, contienda y dificultad— es el producto de nuestra propia orgullosa y mundana sabiduría.

La sabiduría humana enseñó a una generación de líderes mundiales a creer que mientras más grande la deuda, mejor estaría la economía; una filosofía que ha conducido a Norteamérica al borde de la ruina económica. El espíritu sofisticado de la era moderna, basado en la sabiduría humana, trae discordia, dolor y ruina final.

Es cierto que desde el Edén, el hombre no ha mejorado en su naturaleza. Puede que tenga conocimiento técnico, pero su naturaleza sigue siendo la misma. Decir que la humanidad ha mejorado por la pericia técnica del hombre, es como decir que un caníbal es mejor porque tiene un cuchillo y un tenedor.

"Pero la sabiduría de lo alto", termina Santiago 3:17, "es primeramente pura, después pacífica, amable, condescendiente, llena de misericordia y de buenos frutos, sin vacilación, sin hipocresía". Esa es sabiduría divina.

La sabiduría humana que nos manda a hacer nuestras propias cosas no es la que nos conducirá a la tierra de Canaán. Nunca podrás alcanzar el máximo de tus posibilidades antes de que hayas recibido la sabiduría de Dios.

Es duro, pero cierto.

Llámalo por su nombre

Los novios que viven juntos sin casarse son realmente fornicarios.

El adolescente malhablado es en realidad un maldiciente.

Dios no es un masajista semántico. Habla el idioma de un hombre. La Escritura lo deja bien claro: Pecado es pecado.

La prédica no es una tontería. Jesucristo tuvo que dar Su vida para que se predicara el Evangelio. Esa prédica tiene consecuencias eternas.

No habrá una respuesta inmediata cuando la "persona con problemas" se sumerja en una eternidad sin Cristo.

Entonces los pecados serán tomados muy en serio... pero demasiado tarde.

Ya no habrá "síndrome de *Playboy*", "necesidades biológicas", y "problemas" homosexuales.

Tenemos que empezar a enfrentar el pecado como hombres.

VICTORIA SOBRE LA TENTACIÓN

Preguntas para el estudio

1. ¿Por qué la gente en lo natural quiere referirse a los pecados como si fueran simples problemas? ¿Por qué no quieren lidiar con el pecado, aunque a la larga los ayude?

2. ¿Hay algún pecado en tu vida que sigas cometiendo porque lo has justificado en tu mente? Puede que necesites pedirle a tu esposa, tu pastor o a un amigo íntimo que te ayude a contestar esa pregunta. ¿Cuáles son?

3. ¿Tienes amigos que están viviendo en pecado sexual y que necesitan se les confronte amorosamente con su pecado? ¿Estás dispuesto a hacerlo tú? Si no, ¿crees que eso le agrada a Dios?

Tomado de *Maximized Manhood: A Guide to Family Survival* (Hombría al máximo: Una guía para la supervivencia de la familia), por Edwin Louis Cole. Usado con permiso del publicista Whitaker House, 30 Hunt Valley Circle, New Kensington, PA, 15068.

CAPÍTULO VEINTIDÓS

LA DISCIPLINA DE LA PUREZA

POR KENT HUGHES

*Las pasiones son como el fuego, útiles en
mil maneras y peligrosas en una sola: en exceso.*

CHRISTIAN NESTELL BOVEE

Hay que encender el televisor por sólo unos pocos minutos para sentir el calor de la sensualidad opresiva de nuestro tiempo. La mayor parte de la opresión es vulgar. Un aburrido recorrido por los canales de TV al mediodía, invariablemente revela al menos una pareja envuelta en las sábanas de una cama y mucha monotonía sensual.

Pero el calor se ha vuelto cada vez más artificioso, sobre todo si su propósito es vender. La cámara se enfoca muy cerca, en blanco y negro, en un rostro masculino intensamente lascivo, sobre el cual se sobreimpone una llama amarilla, la cual se vuelve una botella reluciente de "Obsesión" de Calvin Klein, mientras el rostro recita su deseo. ¡El pegajoso vapor de la sensualidad penetra todo en nuestro mundo!

Y la iglesia no se ha escapado. Recientemente, la revista *Liderazgo* hizo una encuesta entre mil pastores. Estos confesaron que doce por ciento de ellos habían cometido adulterio mientras eran ministros —¡uno de cada ocho pastores!— y veintitrés por ciento habían hecho algo que ellos consideraban sexualmente inadecuado.

Cristianismo Hoy hizo una encuesta entre mil de sus suscriptores que no eran pastores, y encontró que la cifra casi se duplicaba, pues veintitrés por ciento admitía que había tenido relaciones extramaritales y cuarenta y cinco por ciento reconocía que había hecho algo que ellos mismos consideraban sexualmente condenable.

¡Uno de cada cuatro hombres cristianos era infiel, y casi la mitad se había comportado de forma inconveniente! ¡Estadísticas estremecedoras! Especialmente cuando recordamos que los lectores de *Cristianismo Hoy* tienden a ser líderes, ancianos y diáconos de iglesias, con educación universitaria. Si las cosas están así en el liderazgo de la Iglesia, ¿cuánto más altas no serán estas estadísticas entre los miembros promedio de las congregaciones? ¡Sólo Dios lo sabe!

Esto nos conduce a una ineludible conclusión: La iglesia evangélica contemporánea, considerada en su conjunto, es "corintia" hasta la médula. Ha sido asada en los jugos derretidos de su propia sensualidad, por lo que:

- No sin razón la iglesia ha perdido su capacidad de santidad.

- No por gusto es tan lenta en disciplinar a sus miembros.

- No en balde el mundo la descarta como improcedente.

- No es asombroso que tantos de sus hijos la rechacen.

- No hay que maravillarse de que haya perdido su poder en tantos lugares, y que el islamismo y otras religiones falsas estén ganando tantos conversos.

La sensualidad es, fácilmente, el mayor obstáculo para la santidad entre los hombres hoy en día y está sembrando el caos en la iglesia. La santidad y la sensualidad son mutuamente excluyentes, y aquellos que están atrapados en las garras de la sensualidad jamás podrán alzarse hasta la santidad mientras sigan retenidos por su puño sudoroso. Si hemos de "disciplinarnos [a nosotros mismos] para la piedad" (1 Timoteo 4:7), tenemos que comenzar con la disciplina de la pureza. ¡Tiene que haber algún calor santo, algún sudor santo!

Las lecciones de un rey caído

¿Adónde volvernos en busca de ayuda? El ejemplo más instructivo en toda la palabra de Dios es la experiencia del rey David, según se cuenta en 2 Samuel 11.

La vida en la cima

Cuando comienza el relato, David está en la cima de su brillante carrera; tan alto como cualquier hombre en la historia bíblica. Desde la niñez ha amado apasionadamente a Dios y ha tenido una inmensa integridad de alma, según testimonian las palabras de Samuel cuando lo ungió como rey: "El hombre mira la apariencia exterior, pero el Señor mira el corazón" (1 Samuel 16:7). A Dios le gustó lo que vio. ¡A Dios le agradó el corazón de David!

Él era un valiente, como fue evidente cuando se encontró con Goliat y contestó a la retórica amenazante del gigante con algunas palabras electrizantes propias, para cargar después a toda velocidad en la batalla, clavando a Goliat justo en medio de los ojos (1 Samuel 17:45-49).

David tenía una personalidad arquetípicamente sanguínea burbujeante de alegría y confianza, y con un irresistible carisma que se le desbordaba. David a duras penas parecería un candidato para el desastre moral. Pero el rey era vulnerable, porque había grietas definidas en su conducta que le dejaban vulnerable a la tragedia.

Desensibilización

En 2 de Samuel 5, donde se registra el ascenso al poder de David en Jerusalén, se menciona casi como al pasar que "después que vino de Hebrón, David tomó más concubinas y mujeres de Jerusalén" (versículo 13). Tenemos que observar, y observar bien, que ¡el que David tomara esposas adicionales era pecado! Deuteronomio 17, donde se establecen las normas para los reyes hebreos, ordena que se refrenen de tres cosas: 1) adquirir muchos caballos, 2) tomar muchas esposas, y 3) acumular mucho oro y plata (ver los versículos 14-17). David cumplió muy bien con el uno y el tres, pero fracasó completamente en el dos, por reunir un considerable harén.

Tenemos que entender que en la vida de David había ido echando raíces una progresiva desensibilización hacia el pecado y un consecuente descenso interior de la santidad. La colección de esposas de David, aunque era "legal" y no se consideraba adulterio en la cultura de aquel tiempo, de todas formas era pecado. La complacencia sensual del rey David lo desensibilizó para el llamado santo de Dios para su vida, así como para el peligro y las consecuencias del fracaso. En resumen, el haber abrazado David la sensualidad socialmente permitida, lo desensibilizó para el llamado de Dios y lo convirtió en presa fácil para el pecado fatal de su vida.

Hombres: las sensualidades "legales", las complacencias culturalmente aceptables, son las que nos hacen caer. Las largas horas de mirar indiscriminadamente la TV, lo cual no sólo es el sello distintivo de nuestra cultura, sino lo que se espera del varón norteamericano, es la causa masiva de la desensibilización. Lo que se espera sea la conversación masculina —doble sentido, humor vulgar, reírse de cosas que debían hacernos sonrojar— es otro agente mortal. Las sensualidades aceptables han ablandado insidiosamente a los hombres cristianos, como demuestran las estadísticas. Un hombre que sucumbe a la desensibilización de las sensualidades "legales", está en primer lugar para una caída.

El relajamiento

La segunda grieta en la conducta de David que lo volvió propenso al desastre, fue su relajamiento de los rigores y la disciplina que habían sido parte de su vida activa. David estaba a la mitad de su vida, alrededor de los 50 años, y sus campañas militares habían tenido tanto éxito, que no era necesario que él fuera personalmente a la guerra. Correctamente, encargó a su capaz general Joab el "trabajo de limpieza"... y después se relajó. El problema era que su relajación se extendió a su vida moral. Es duro mantener una disciplina interna cuando estás relajado de este modo. David era inminentemente vulnerable.

David no sospechaba que algo inusual iba a suceder en aquel fatal día de primavera. No se levantó diciendo: "¡Vaya, qué lindo día! Creo que hoy voy a cometer adulterio". Ojalá que esta lección no sea en balde para nosotros, hombres. Justo cuando pensamos que estamos más seguros, cuando no sentimos la necesidad de mantener la guardia en alto, para obrar en nuestra integridad interna, para disciplinarnos para la piedad... ¡vendrá la tentación!

La fijación

Había sido un día tibio, y estaba cayendo la tarde. El rey salió a la azotea para tomar el aire fresco y miró a su ciudad en la penumbra. Mientras miraba, su ojo captó la forma de una mujer extraordinariamente bella que se bañaba sin modestia. En cuanto a cuán bella era, el hebreo es explícito: "La mujer era de aspecto muy hermoso" (2 Samuel 11:2). Era joven, estaba en la flor de su vida, y las sombras del atardecer la hacían todavía más tentadora. El rey la miró... y la siguió mirando. Después de la primera mirada, David debió haberse vuelto hacia otro lado y retirado a su cámara, pero no lo hizo. Su *mirada* cambió a clavar la vista con toda el alma y después, la miró con lascivia libidinosa y quemante. En aquel momento David —que había sido un hombre entregado de corazón a Dios— se volvió en un viejo sucio y libidinoso. Sobre él cayó una fijación lujuriosa que no podría ser suprimida.

Hombre: la verdad exige algunas preguntas serias: ¿Tienen alguna fijación ilícita que se ha vuelto todo lo que ustedes pueden ver? ¿Lo más importante en sus vida es su deseo? Si es así, tienen un grave problema. Es necesario que den algunos pasos decisivos, como veremos.

La justificación

De la fijación mortal, el rey David descendió al siguiente nivel inferior, el cual es la justificación. Cuando sus siervos se percataron de sus intenciones, uno trató de disuadirlo diciendo: "¿No es esa Betsabé, la hija de Eliam y la esposa de Urías heteo?" Pero a David nada se le podía denegar. En su mente tuvo lugar una justificación masiva, quizás muy parecida a la que sugiriera J. Allan Peterson en *El mito de la hierba más verde*:

Urías es un gran soldado, pero probablemente no sea muy buen esposo o amante —siendo mucho mayor que ella— y estará lejos por largo tiempo. Esta muchacha necesita un poquito de consuelo en su soledad. De este modo puedo ayudarla. No le hago daño a nadie. No quiero hacer nada malo. Esto no es lujuria... la he conocido muchas veces. Esto es amor. No es lo mismo que encontrar una prostituta en la calle. Dios lo sabe. Y le dijo al sirviente: "Tráemela".

La mente controlada por la lujuria tiene una infinita capacidad de justificación.

- "¿Cómo puede ser malo algo que proporciona tanto deleite?"

- "La voluntad de Dios para mí es que seas feliz; seguramente Él no me negaría algo que es esencial para mi felicidad... ¡y esto lo es!"

- "La cuestión aquí es de amor. Estoy actuando por amor; el más elevado amor".

- "En primer lugar, mi matrimonio nunca fue la voluntad de Dios".

- "Ustedes cristianos, me enferman sus actitudes estrechas y condenatorias. Me están juzgando. ¡Son más pecadores de lo que yo seré nunca!"

La degeneración (Adulterio, mentiras, asesinato)

El progresivo descenso de David de *desensibilización*, a *relajación*, a *fijación* y a *justificación*, lo preparó para una de las mayores caídas en la historia, y su degeneración. "David envió mensajeros y la tomó; y cuando ella vino a él, él durmió con ella. Después que ella se purificó de su inmundicia, regresó a su casa. Y la mujer concibió; y envió aviso a David, diciendo: 'Estoy encinta'" (2 Samuel 11:4-5). David no sabía que había dado un paso en el abismo y estaba cayendo, y que la realidad pronto llegaría. El fondo subía a toda velocidad.

Todos conocemos la conducta despreciable de David, cuando se volvió un mentiroso calculador y asesino, al arreglar la muerte de Urías para cubrir su pecado con Betsabé. Baste decir que en ese momento de la vida del rey, ¡Urías borracho era mejor hombre que David sobrio (versículo 13)!

Un año después, David se arrepentiría ante la acusación fulminante del profeta Natán. Pero las consecuencias miserables no podrían deshacerse.

La voluntad de Dios: La pureza

Algunas personas que están bajo la sombrilla cristiana, sencillamente no aceptan lo que estoy diciendo con respecto a la pureza. Consideran que semejante enseñanza es victoriana y puritana. Victoriana, no es. Puritana, gloriosamente sí es, porque es supremamente bíblica. En respuesta a tales personas, las remito a la más explícita llamada a la pureza sexual que conozco: 1 Tesalonicenses 4:3-8.

Si leer este pasaje no es lo bastante convincente en lo que respecta a la ética bíblica, tenemos que comprender que se fundamenta en Levítico 19:2, donde Dios dice: "Sed santos porque yo, el Señor vuestro Dios, soy santo"; un mandamiento dado en el contexto de advertencias contra la desviación sexual. También quiero señalar que en 1 Tesalonicenses se nos llama a evitar la inmoralidad sexual y se nos llama tres veces a ser "santos". Rechazar esto es pecar contra el Espíritu Santo —la presencia viva de Dios— como el pasaje de Tesalonicenses lo deja bien claro.

Hombres: si somos cristianos, es imperativo que vivamos vidas puras y devotas en medio de nuestra cultura "corintia" y pornográfica. Tenemos que vivir por encima de las horrorosas estadísticas, o la iglesia se volverá cada vez más improcedente y debilitada, y nuestros hijos la abandonarán. La iglesia no tiene otro poder aparte de la pureza.

VICTORIA SOBRE LA TENTACIÓN

Preguntas para el estudio

1. ¿Cuántas horas de TV miras cada semana? ¿Piensas que eso te ha desensibilizado hacia el pecado? Explícalo.

2. ¿Cuánto tiempo dedicas cada semana al ocio? ¿Es tiempo libre productivo que te refresca, o es ocio que te aleja de la vida disciplinada?

3. Antes de proseguir con el próximo capítulo, haz una lista de cosas que piensas pueden producir "sudor santo".

Adaptado de *Disciplines of a Godly Man* (Las disciplinas del hombre de Dios), por R. Kent Hughes. © 1991, páginas 23-33. Usado con permiso de Good News Publishers/Crossway Books, Wheaton, IL 60187. Para ordenar información, llamar al número gratis 1-800-635-7993. También están disponibles la guía del líder y la versión en audio.

CAPÍTULO VEINTITRÉS

LLEVANDO UNA VIDA INTERIOR SECRETA

POR PATRICK MORLEY

Los pensamientos secretos de un hombre examinan todas las cosas: santas, profanas, limpias, obscenas, graves y ligeras, sin sentir vergüenza ni culpa.

THOMAS HOBBES

Poniendo todo pensamiento en cautiverio a la obediencia de Cristo.

2 CORINTIOS 10:5

♦ ¿Estás llevando una vida interior secreta muy diferente del "tú" que conocen los demás? ¿Te daría vergüenza si tus amigos y asociados supieran lo que hay dentro de tu mente? Si tus pensamientos fueran audibles, ¿pediría el divorcio tu esposa?

Cada uno de nosotros lleva una vida interior secreta, una vida invisible, conocida únicamente por nosotros. Los demás no la conocen. Esta vida secreta es usualmente muy diferente de la persona visible que tú eres: el tú que conocen los demás. Y sin embargo, ese es el *tú real*; el tú que conoce nuestro Dios.

Para algunos de nosotros, nuestra vida secreta consiste en un mundo soñado de fantasías, que urde intrincados planes que nos harían ricos, famosos y poderosos. Otros de nosotros fabricamos encuentros fortuitos con mujeres hermosas que nos seducen. Cada uno inventa una imagen secreta de cómo nos gustaría ser, que nos daría vergüenza que otros conocieran.

Algunos de nosotros hervimos en un mundo de odio lleno de amargura y resentimiento por causa de una vida que no ha resultado ser como la planeamos. Hervimos de celos y envidia por el golpe de suerte que otro tipo ha tenido. Encontramos desdeñosas hacia nosotros las palabras del hombre rico, no porque las palabras sean equivocadas, sino porque lo despreciamos por su éxito.

No parece haber ningún alivio a la perpetua corriente de pensamientos negativos que fluye por nuestra mente. Puesto que nuestra vida interna es tan sensible, se le ha dedicado demasiado poca atención al tema. ¿Por qué los hombres llevan una vida interior secreta? ¿Qué está sucediendo allá arriba, en los recodos de nuestra mente?

La batalla por la mente

Una mañana conducía mi auto a fin de impartir un estudio bíblico para hombres. Me gusta conducir solo; es uno de los pocos lugares donde puedo pensar sin esas incesantes interrupciones que me rompen el hilo de los pensamientos.

El denso tránsito fluía continuamente. Cuando reduje la velocidad por una luz roja, me sentí aliviado de ver que podría pasar la intersección con la siguiente luz verde. Mientras iba frenando, el auto junto al mío vio una "hendidura" frente a mí y, sin advertencia, se me metió delante. Frené en seco y eché un vistazo al espejo retrovisor. Menos mal. El enojo me invadió pero, puesto que estaba en camino a dar un estudio bíblico, me recuperé de inmediato y mantuve mi luminosidad espiritual. Incluso perdoné al sinvergüenza por ser semejante degenerado espiritual.

La luz cambió a verde y la larga fila prosiguió lentamente hacia la intersección. ¿Adivinen cuál fue el último auto que pudo pasar con la luz? ¡Lo adivinaron! Él pudo, pero yo quedé en primer lugar para la siguiente luz verde. Eso fue suficiente. Con estudio bíblico o no, grité una interjección que salió de una parte de mí que no se había rendido a Dios.

Si esto fuera un accidente aislado, no estaría tan preocupado. Pero todos los días, cada uno de nosotros lucha por el control de su mente. Continuamente se libra una encarnizada batalla entre el bien y el mal, lo recto y lo incorrecto por el control de nuestros pensamientos. El verdadero campo de batalla para el cristiano es la mente.

Encubriendo el pecado

La afición de Tom era el mirar muchachas. Adonde quiera que viajara, la parte que más disfrutaba era sentarse en la terminal del aeropuerto y observar las mujeres que iban y venían. Después que Tom se hizo cristiano, sintió que su obsesión desagradaba a Dios, pero ese era su secreto privado. "Además" razonaba, "todo el mundo tiene derecho a un vicio menor ¿verdad? Nadie sufre. Es un crimen sin víctimas".

Cuando cruzamos por encima de la línea y pecamos, ¿qué deberíamos hacer acerca de eso? "El que encubre sus pecados no prosperará, mas el que los confiesa y los abandona, hallará misericordia" (Proverbios 28:13).

No hay secretos para Dios. Él conoce cada palabra que diremos antes de que llegue a nuestros labios. Puede que nadie más lo sepa, pero Dios lo sabe. El objetivo de nuestra vida interna secreta, puesto que no hay secretos para Dios, debería ser vivir una vida de santidad personal. ¿Por qué parece que tenemos semejante lucha para conquistar nuestros pensamientos?

Visibilidad ante otros

Yo preferiría ir a la cárcel que ser visto en un bar. Con franqueza, las razones no son espirituales, sino egoístas. No quiero que mi reputación se manche, así que evito los bares categóricamente. Esto tiene menos que ver con lo que piense Jesús que con lo que piensen mis amigos.

La *visibilidad* de nuestras palabras y actos nos ayudan a mantenerlos restringidos. La visibilidad trae un cierto nivel de autodisciplina. Algunas veces pienso que la presión de nuestros iguales en realidad nos influye más para vivir rectamente que el miedo a un Dios santo. Todos queremos llevarnos bien con los demás y tener una buena reputación, y estas ambiciones mantienen restringida nuestra conducta.

VICTORIA SOBRE LA TENTACIÓN

El incrédulo no tiene control de sus pecados de *gran visibilidad* porque no tiene el Espíritu Santo para mantenerlo alerta de sus pecados y hacerlo sentir convicción, ni tampoco tiene la presión de sus iguales en la familia congregacional.

Por supuesto, esa presión en lo visible no está mal. Si no existiera, yo no tendría que rendir cuentas; y la tentación de pecar sería mucho más seductora (aunque no sugiero que entrar en un bar, en sí y por sí mismo, sea pecado).

Pero la *poca visibilidad* de nuestra vida interior no tiene presión de iguales, ni rendición de cuentas de clase alguna, salvo nuestra propia autodisciplina y dependencia del Espíritu, por lo cual estamos forzados a pasar la inspección. ¿El resultado de la poca visibilidad? Llevamos una vida secreta, con frecuencia desordenada, la cual nos avergonzaría si otros supieran de ella.

Apercibido por mí

En tanto otros pueden tomar nota de nuestros pecados porque son visibles, podemos estar apercibidos o desapercibidos de nuestros propios pecados.

Como nuevos cristianos, trajimos todo nuestro exceso de equipaje con nosotros a nuestra recién hallada fe. Por desgracia, estábamos llenos de ira, resentimiento, amargura, egoísmo, codicia, envidia y celos.

Incluso antes de volvernos cristianos, disfrazábamos mucho de nuestra vida interior secreta, pero una vez que nos convertimos en cristianos, nos volvimos encubridores consumados de estos pensamientos secretos. Controlamos con cuidado nuestras palabras y actos para mantenerlos al mismo nivel que percibíamos tenía la descripción del nuevo empleo, mayormente porque servía a nuestros propósitos. Los pecados poco perceptibles son puntos ciegos. En estas zonas de baja percepción es donde se libran las más feroces batallas por nuestra mente. El salmista pregunta: "¿Quién puede discernir sus propios errores? Absuélveme de los que me son ocultos. Guarda también a tu siervo de pecados de soberbia, que no se enseñoreen de mí. Entonces seré íntegro y seré absuelto de gran transgresión" (Salmo 19:12-13). Es duro vencer a un enemigo del cual no estamos conscientes.

La mente que se hace trampas a sí misma

John decidió comprar un auto nuevo porque el medidor de gasolina del antiguo no funcionaba bien. El nuevo auto de John se depreció 3.000 dólares el primer año, y él ahorró 200 dólares en gasolina. Lo que John quería en realidad no era un mejor medidor sino más prestigio.

Tenemos una notable capacidad para embromarnos, hacernos trampas y engañarnos a nosotros mismos. Nuestra imagen propia es tan importante para nosotros, que creeremos casi cualquier explicación razonable de nuestros fracasos, siempre que terminemos como héroes. El profeta Jeremías señaló esto cuando dijo: "Más engañoso que todo es el corazón y sin remedio; ¿quién lo comprenderá?" (Jeremías 17:9).

A menos que desarrollemos una sólida comprensión de cómo se conforman nuestros pensamientos, motivos y ambiciones, tendremos pensamientos secretos impuros, motivos errados y ambiciones egoístas. Si no dejamos un centinela apostado en la atalaya, nuestro enemigo puede deslizarse dentro de nuestros pensamientos, encubiertos por la baja percepción.

Salomón comprendía esto cuando dijo: "Del hombre son los propósitos del corazón, mas del Señor es la respuesta de la lengua. Todos los caminos del hombre son limpios ante sus propios ojos, pero el Señor sondea los espíritus" (Proverbios 16:1-2).

Conquistando la vida interior secreta

Para este momento debes estar pensando que no hay esperanzas de dominar tu vida interior secreta. Muy al contrario, el Espíritu Santo escudriñará nuestro espíritu y señalará nuestros errores, con sólo que se lo pidamos: "Lámpara del Señor es el espíritu del hombre que escudriña lo más profundo de su ser" (Proverbios 20:27). El rey David hizo la pregunta retórica: ¿Adónde me iré de Tu Espíritu, o adónde huiré de

Tu presencia?" (Salmo 139:7). Podemos huir de Dios, pero no podemos escondernos. La respuesta a ganar la batalla por nuestra mente —la vida interior secreta— es abrirnos al examen de nosotros mismos y del Espíritu. Nuestra oración debe ser la oración del rey David: "Escudríñame, oh Dios, y conoce mi corazón; pruébame y conoce mis inquietudes. Y ve si hay en mí camino malo, y guíame en el camino eterno" (Salmo 139:23-24).

Toma cautivo todo pensamiento

Criar niños es un trabajo duro. ¿Qué lo hace tan difícil? Los niños siempre ponen a prueba los límites de las reglas y el orden. Cualesquiera que sean los límites que les pongamos, siempre quieren probar y reprobar los límites de nuestra paciencia.

Unos amigos tenían una regla de que su hija no podía ir a ver películas atrevidas hasta que tuviera 13 años. Todas sus amigas podían ir desde que tenían 10 y 11 años. Cada fin de semana ella les preguntaba a sus padres si podía ir a ver esta o aquella película, clasificada así. Siempre estaba probando los límites.

Nuestros pensamientos son como esta niña. Cada semana nos pedirán que les permitamos cruzar los límites de las reglas y el orden que hemos establecido. Nuestros pensamientos siempre prueban los límites.

¿Qué hacer?

"Poniendo todo pensamiento en cautiverio a la obediencia de Cristo" (2 Corintios 10:5). A ningún pensamiento se le debe permitir que se salga con la suya. Como la hija que quiere probar a sus padres, nuestros pensamientos quieren salirse con la suya, pero tenemos que tomar cautivos todos y cada uno de ellos. ¿Por qué? Por las palabras con que Salomón concluye el Libro de Eclesiastés: "Porque Dios traerá toda obra a juicio, junto con todo lo oculto, sea bueno o sea malo" (Eclesiastés 12:14).

Cuando Cristo controla nuestras vidas, el Espíritu Santo está en el poder. Cuando permitimos que el viejo hombre —la naturaleza pecadora— controle, entonces el Espíritu es constreñido. La solución es traer todo pensamiento cautivo, y si encontramos que hemos pecado, confesarlo, y pedirle a Cristo que tome el control otra vez. Esa es la esencia del vivir por el poder del Espíritu Santo.

Preguntas para el estudio

1. Lee Jeremías 23:24. ¿Crees que Dios conoce tus pensamientos? ¿Por qué los hombres ponen énfasis en vivir correctamente entre sus iguales, que no son más que hombres como ellos mismos, pero no le dan una prioridad igualmente importante a vivir una vida interior correcta?

2. ¿Cuál es la zona de tu vida interior con la cual tienes que luchar en realidad (lascivia, fantasías, mundo de odio)?

3. Lee 2 Corintios 10:5. ¿Qué significa "Poniendo todo pensamiento en cautiverio?"

Tomado de *The Man in the Mirror* (El hombre en el espejo), por Patrick Morley. © 1997 por Patrick Morley. Usado con permiso de Zondervan Publishing House. Disponible llamando al 1-800-727-3480.

CAPÍTULO VEINTICUATRO

¿TE DOMINA TU IMPULSO SEXUAL?

POR WILLIAM BACKUS

> Hay una tendencia a pensar en el sexo como algo degradante; no lo es, es magnífico, un enorme previlegio, pero por eso mismo, las reglas son tremendamente estrictas y severas.
>
> FRANCIS DEVAS

Todavía puedo escuchar el tono de queja en la voz de Mal cuando me contaba su última conversación con su novia, Ellen. Habían reñido por la negativa de ella a tener relaciones sexuales con él, por lo que parecía ser la nonagésima nona vez. "Soy un tipo normal, por quejarme a gritos. ¿Qué se supone que haga con el sexo?", le había exigido él. ¿Cómo podía ella amarlo de veras y seguir persistiendo en resistirse como lo hacía? ¿Sería frígida?

Mientras escuchaba a Mal, pensé en otros hombres y mujeres que habían venido a mí buscando ayuda por problemas relacionados con una sexualidad incontrolada.

Ahí estaban Mark y Anita, luchando por mantenerse "puros hasta su noche de bodas"; Warren, en una posición elevada en un partido político importante, ansioso porque no fuera capaz de cumplir como una máquina sexual cuando las mujeres con quienes salía le exigieran sexo; Gary, un joven que se había vuelto impotente porque temía no ser el amante perfecto; Karen, quien insistía desafiante: "No hay nada malo en tener relaciones sexuales con alguien a quien amas"... pero se despreciaba a sí misma.

La idea del autocontrol era un problema para cada uno de estos jóvenes solteros, que trataban de sobrevivir en la cultura indulgente de hoy.

VICTORIA SOBRE LA TENTACIÓN

Tampoco es menos piedra de tropiezo para algunas parejas casadas. Pienso en Ted, cuyos apetitos egoístas e irresponsables le hicieron casi violar a su esposa cada noche, provocando que ella lo odiara a él y al sexo; y Liz, quien dio rienda suelta a sus fantasías sexuales —sin importar cuán desviadas fueran— hasta que la arrastraron a tener relaciones con sus compañeros de trabajo, vecinos, e incluso con hombres en la iglesia. Al final, su amargado esposo se divorció de ella.

Los clínicos se enfrentan a un verdadero jardín de malas hierbas de autocontrol fracasado entre los casados. Lo más común son las relaciones adúlteras. También son comunes exigencias de que el compañero participe en formas de sexo ofensivas. La masturbación compulsiva por uno u otro de los cónyuges pueden conducir a evitar el coito y a la interrupción de la relación marital. Algunas veces uno de los miembros de la pareja puede actuar con patrones sexuales desviados (homosexualidad, intercambio de ropas, exhibicionismo, voyeurismo, abuso sexual de niños, incesto), exigiendo en nombre del amor que el cónyuge acepte la conducta pervertida como diversión inofensiva, volviéndose así un cómplice. Cada vez que escucho una de estas historias tristes, me impresiona de nuevo la comprensión de que el descontrol sexual puede convertir unas vidas humanas preciosas en una ruina.

La forma de Dios: Castidad

Las prohibiciones sexuales de la Palabra de Dios no fueron dadas para aguarle la diversión al hombre, sino para preservar la salud y la vitalidad sexual. Todas estas personas han escuchado, consciente o inconscientemente, tanto a sus propios impulsos y urgencias pecaminosos, como a la propaganda de los proclamadores del pensamiento anticristiano, quienes reiteran hasta la náusea que no es necesario controlar las urgencias sexuales y que no es saludable suprimirlas.

Creencias erróneas acerca del descontrol sexual

Mientras estudias el siguiente sumario de creencias erróneas sostenidas por gente con problemas de control sexual, puedes usarlo para descubrir las tuyas propias. Hay grandes probabilidades de que las tuyas estén en la lista, porque estas falsas nociones rara vez son originales. Más bien, son plantadas por el padre de mentiras, que parece ser cualquier cosa menos original.

Creencia errónea sobre el sexo #1: No puedo controlar mi impulso sexual. En casi todos los temas de autocontrol, la gente descontrolada se dice a sí misma: "¡No puedo evitarlo! Cuando estoy a solas con una persona atractiva del sexo opuesto por quien tengo fuertes sentimientos, ¡me pierdo! ¡No puedo evitarlo!"

Esta creencia errónea en realidad facilita la conducta indeseada. Cuando uno puede convencerse de que es incapaz de evitar lo que está a punto de hacer, por eso mismo se *vuelve* incapaz de evitarlo. De hecho, ¡no hay cómo luchar contra un asunto, cuando el resultado ya está preordenado!

Pero, ¿es verdad este viejo dicho hecho cliché? La conducta que dices no puedes evitar, se ejecuta con músculos controlados por la voluntad. No es un espasmo. Para subirse a una cama hay que ordenarle a ciertos músculos en los miembros que se contraigan para que las piernas y brazos se doblen. Es un hecho fisiológico que uno *puede* ejercer control, de que, de hecho, uno tiene que *decidir* ejecutar las acciones en cuestión. La conducta sexual no sucede por sí misma.

Las personas que conocen a Jesucristo tienen al Espíritu Santo morando dentro de ellos y dirigiendo sus actos. Un resultado de la obra del Espíritu residente, es la capacidad de controlarse uno.

Si uno tiene a Jesucristo como Salvador y Señor, *tiene* el poder de controlar sus actos en asuntos sexuales. Confesar cualquier otra cosa es llamar mentiroso a Dios. Aun si uno piensa que por experiencia propia aprendió otra cosa, tiene que dar el primer paso para salir de ese hoyo; y ese paso es decirse uno mismo la verdad: "Puedo controlar mis actos en situaciones sexualmente provocativas. Jamás volveré a decirme: 'No puedo'."

Creencia errónea sobre el sexo #2: La castidad es mala para mí. Puedes estarte repitiendo eso porque lo has oído o leído en alguna parte. Es una vieja idea, que viene de teorías sicológicas inventadas hace mucho, sin hacer investigaciones experimentales. Si uno cree ese viejo cuento gastado, tiene poco incentivo para controlarse, porque se piensa que el control es perjudicial.

Por supuesto, esta mentira insinúa que Dios en realidad ha estropeado las cosas. Puesto que Dios ordena la castidad y el autocontrol en asuntos sexuales, esta herejía de hecho acusa a Dios de hacer a propósito algo que nos hará daño. Dios dio lo mejor que tenía por nosotros, y sin cesar hace sólo el bien. Él nunca ordenaría lo que pudiera hacer daño.

Creencia errónea sobre el sexo #3: Todos los demás están disfrutando muchísimo del sexo, así que me están dejando fuera y timando si yo me controlo y ellos no. Eso no es justo. Esta es sólo una variación de la penetrante herejía de que cuando cualquier otro tiene algo que yo no tengo, Dios ha cometido un fraude. Eso es monstruosamente injusto. Y sin embargo, no tenemos modo de saber de seguro lo que está ocurriendo en la vida sexual de otras personas. No podemos adivinar lo que otros están haciendo, disfrutando o sintiendo, así que tenemos que confiar en adivinanzas e inferencias (a menos que estemos escuchando a esos que alardean de sus supuestas "conquistas"). Cuando esa gente le cuenta a uno lo que hace, sería sabio observar que están tratando de despertar envidia y provocar admiración.

En particular cuando uno conoce el juicio de Dios sobre la conducta sexual incontrolada —a saber, que quienes hacen esas cosas no pueden heredar el reino de Dios— no tiene sentido envidiar a la pobre alma que dilapida el bienestar eterno a cambio de unos pocos orgasmos.

Creencia errónea sobre el sexo #4: Otros no se sienten bajos y culpables por tener relaciones sexuales, y no es justo que yo me sienta así. En cuanto a los sentimientos de culpa, son la consecuencia adecuada de la conducta pecaminosa. Si te sientes culpable cuando pecas y otros *dicen* que ellos no, tú eres el que mejor está, aun cuando sea doloroso. Del mismo modo, una persona cuyo sistema nervioso está intacto, siente el dolor de las heridas y por lo tanto, es mucho más afortunado que la persona que no puede sentir dolor debido a un daño neurológico. El dolor, aunque desagradable, es un indicador valioso del problema y una advertencia de que algo debe cambiar. Los sentimientos de culpa a consecuencia de la conducta verdaderamente pecaminosa, señalan que hace falta un cambio para evitar más daño espiritual y psicológico.

Creencia errónea sobre el sexo #5: El sexo es sólo un acto mecánico que no tiene implicaciones morales en sí mismo, a menos que contagies una enfermedad o fracases en prevenir un embarazo.

Creencia errónea sobre el sexo #6: El matrimonio no es más que una formalidad, un mero pedazo de papel; no debe interponerse en el camino de la gente que está disfrutando. Aunque estas dos creencias falsas son destruidas por las claras enseñanzas de la Escritura, hay gente que argumenta en su favor, usualmente para justificar su propia conducta sexual pecaminosa. Hoy en día, alguna gente en la iglesia declara que la actividad sexual fuera del matrimonio no está mal; que aunque la Biblia enseña que el coito debe tener lugar sólo entre personas casadas de sexos opuestos, esta enseñanza ya no es adecuada. Que *fue* válida, hace mucho tiempo, pero que en aquellos días no todos disponían de medios anticonceptivos y la gente no sabía cómo tomar precauciones contra las enfermedades venéreas. Hoy, argumentan, tenemos libre acceso a los anticonceptivos y a las medicinas para las enfermedades transmitidas sexualmente, así que ya no hay razón para añadir reglas morales estrictas a la conducta sexual entre personas que consienten.

El resultado directo de esta herejía cultural ha sido una epidemia de embarazos adolescentes, asesinatos de fetos en cifras sin precedente, y enormes cargas sociales para cuidar de las madres solteras y sus hijos. Recientemente, han aparecido nuevas enfermedades transmitidas sexualmente, algunas de ellas imposibles de curar, y una, invariablemente letal. Por desgracia, aquellos tan apegados a esta herejía cultural que ningún reordenamiento de los hechos puede penetrar sus defensas el tiempo suficiente para separarlos de ella, continúan prescribiendo más de los mismos "remedios" con los cuales, en primer lugar, conformaron las consecuencias sociales de la inmoralidad: más "educación sexual", más "aclaración de valores", más anticonceptivos, abortos más baratos, y más dólares gastados para investigar las curas de las enfermedades transmitidas sexualmente. Lo que no han hecho es dar un paso al frente para decir: "Estábamos equivocados". Sin embargo, los sucesos lo han demostrado por ellos. La Palabra de Dios no es sólo otro asunto que desechar en una cultura del desecho, como el periódico de ayer.

La verdad es que cada acto sexual tiene significado eterno, uniendo a dos individuos juntos en una unión que, tanto si lo quisieron como si no, existe con consecuencias bastante serias. Lean 1 Corintios 6:15-20 para una discusión más abundante de este vínculo y sus implicaciones. Por esta y otras muy sanas razones, Dios es extremadamente serio con respecto a Sus mandamientos contra la impureza, la fornicación, la desviación sexual y el adulterio.

Creencia errónea sobre el sexo #7: El sexo es un asunto privado entre tú y tu compañero (adulto), y lo que haces en tu dormitorio a nadie más le importa. Nada podía estar más lejos de la verdad. Aunque es costumbre realizar el coito en privado, sus implicaciones no son privadas. La creencia de que el sexo es un asunto privado ha conducido a grandes dificultades para los individuos y para la sociedad, incluidas numerosas familias sin padres, la proliferación de la pobreza y las preocupantes enfermedades epidémicas por las cuales todo el mundo está obligado a cargar con parte del costo. En realidad, probablemente no haya otro acto privado con repercusiones sociales tan graves como el coito. Debido a que como cristiano tú eres responsable por el bienestar de otras personas, la cultura y el mundo, no puedes realmente encogerte de hombros y decirte que lo que hagas en tu dormitorio no es asunto de otro.

Creencia errónea sobre el sexo #8: Un poquito de sexo no le hace daño a nadie. ¿Qué daño hay en que dos adultos que consienten hagan lo que desean en privado? Cuando te sorprendas pensando así, tienes que recordarte el hecho de que la gente en tal situación están realmente teniendo intimidad no sólo con un compañero ilegal, sino con cada uno de los compañeros sexuales de esa persona durante los pasados años. Esta verdad se ha convertido en un asunto de vida o muerte desde que la plaga del SIDA ha alterado radicalmente el significado del sexo casual, incluso para aquellos a quienes no les importan los mandamientos de Dios. Un poquito de sexo no sólo puede hacerte daño, puede matarte.

Preguntas para el estudio

1. Lee 1 Corintios 6:15-20. ¿Piensas que este tipo de vínculo es posible en un matrimonio si uno o ambos de los implicados en la relación, han tenido sexo premarital y nunca se han arrepentido?

2. A la gente típicamente le gusta "empujar los límites" y pensar que pueden volverse antes de que sea demasiado tarde. Pero con el sexo eso con frecuencia no sucede. ¿Alguna vez te has hecho la pregunta: "¿Cuánto es demasiado lejos?" ¿Puedes ver un problema intrínseco con sencillamente hacer la pregunta?

3. ¿Has creído alguno de estos mitos? Si no, ¿hay otros mitos que puedes haber creído? Explícalo.

Usado con permiso de *Finding the Freedom of Self-Control*, por William Backus. © 1978 por William Backus. Publicado por Bethany House Publishers. Disponible en su librería local, o llamando al 1-800-328-6109.

CAPÍTULO VEINTICINCO

LA NECESIDAD DE LA PUREZA

POR BRUCE H. WILKINSON

El sexo es la religión sucedánea o sustituta del siglo veinte.

MALCOLM MUGGERIDGE

Incrustado muy hondo dentro de la mente de los hombres cristianos hay una idea muy chocante acerca de sus vidas sexuales. Es más o menos así: "Creo que Dios creó a los hombres y mujeres, inventó el poderoso impulso sexual y lo colocó dentro de hombres y mujeres, pero después los abandonó a luchar toda su vida con el qué hacer con él. Los dejó indefensos y atrapados por un impulso sexual poderoso, con deseos al parecer insaciables, que jamás quedan satisfechos por mucho tiempo. Creo que esta parte de mi vida no puede volverse agradable a Dios; y Él tiene que comprender y pasar por alto eso, pues, en última instancia, Él es el único que me hizo del modo que soy". ¿Alguna vez pensaste algo como eso?

En el mismo momento en que leíste esas palabras, te diste cuenta de que algo en ellas no anda muy bien. Esas ideas parecen correctas en la superficie, pero son como una rodilla descoyuntada: no te molesta cuando estás sentado mirando TV, pero espera a que empieces a caminar hacia la cocina con esa rodilla... no se sostiene. Esas ideas tampoco. ¿Por qué? ¡Porque Dios no es un déspota miserable, mortificador, incongruente y despreocupado en el cielo que te soltó para que fracases! Entonces ¿cuál es Su solución para la creación de tu impulso sexual? ¿Sería verdad que si Dios te creó con un deseo por el sexo que se renueva regularmente, también desarrolló una estrategia correspondiente para regular su satisfacción y cumplimiento? Eso sería más parecido a la clase de Dios de la Biblia, ¿no es así? Bueno, así es. Lee lo que Él dice en 1 Corintios 7:2-5:

> *No obstante, por razón de las inmoralidades, que cada uno tenga su propia mujer, y cada una tenga su propio marido. Que el marido cumpla su deber para con su mujer, e igualmente la mujer lo cumpla con el marido. La mujer no tiene autoridad sobre su propio cuerpo, sino el marido. Y asimismo, el marido no tiene autoridad sobre su propio cuerpo, sino la mujer. No os privéis el uno del otro, excepto de común acuerdo y por cierto tiempo, para dedicaros a la oración; volved después a juntaros a fin de que Satanás no os tiente por causa de vuestra falta de dominio propio.*
>
> (1 Corintios 7:2-5).

Los dos problemas mayores con los hombres en su vida sexual tienen que ver con la "Inmoralidad sexual" y el "Dominio propio". ¿Te diste cuenta de que estos tres versículos emplean las palabras "por razón de las inmoralidades" y "por causa de vuestra falta de domino propio"? ¡La respuesta de Dios para ambos problemas es precisamente el tema de este párrafo! De hecho, creo que la Biblia enseña que ambos temas de inmoralidad sexual y dominio propio han de ser resueltos con la misma solución dada por Dios.

¿Cuál es esa solución? "Que cada hombre tenga su propia mujer, y cada mujer tenga su propio marido". La relación del matrimonio es la provisión primaria de Dios para nuestro impulso sexual y su plena expresión y satisfacción. Es muy interesante que las dos veces que se emplea el verbo "tener" en este párrafo, se usa en imperativo. Esta no es una opción, o una sugerencia, sino una orden. Por causa de tu inmoralidad sexual, Dios quiere que tengas tu propia esposa. A menos que te haya sido dado el don del "celibato" —que supongo sea un don muy inusual— has de "tener" tu propia esposa.

Ahora bien, ¿por qué Dios dice que la solución para las inmoralidades sexuales (varias clases y múltiples tentaciones) es tu esposa? Porque la satisfacción adecuada a tu impulso sexual y tu amor y afecto emocionales, ha de estar sólidamente enfocado en la persona de tu esposa. Cuando Dios creó a los humanos, los creó varón y hembra, y desde el principio, Dios creó una mujer para un hombre. No múltiples mujeres para un hombre, ni hombres para hombres, sino una mujer para un hombre de por vida.

En el mismo momento en que empieces a meditar en esos versículos, verás la respuesta obvia: Satisface tus afectos personales y deseos sexuales con tu esposa y ella contigo. Cualquier satisfacción de tus necesidades sexuales aparte de tu esposa, no es la voluntad del Señor. Ella es la única solución. Ella es la solución dada por Dios. Dios nunca quiso que tu impulso sexual fuera un problema, sino más bien un placer para ti.

Eso es exactamente lo que proclama Proverbios 5:15,18-19:

Bebe agua de tu cisterna y agua fresca de tu pozo. Sea bendita tu fuente y regocíjate con la mujer de tu juventud, amante cierva y graciosa gacela, que sus senos te satisfagan en todo tiempo, su amor te embriague para siempre.

¿Cuál es tu deseo?

Piensa en el día de ayer por un momento. ¿Cuántas comidas hiciste? ¿Por qué las comiste? Si eres como la mayoría de nosotros, probablemente hiciste tres comidas, además de numerosos bocadillos en el medio; y probablemnte comiste porque estabas hambriento y puedes haber estado buscando algún grado de consuelo sutil.

¿Cuántas veces te sentiste culpable por sentir hambre? Puedes haberte sentido culpable por el hecho de que cuando te sentaste a comer, cruzaste la barrera y te excediste... lo que la Biblia llama el pecado de glotonería. ¡Pero mezclar el pecado de glotonería con la necesidad y el deseo de comer sería un error enorme! Dios dio el hambre y debe ser satisfecha, en tanto que glotonería es cuando un hombre usa esa necesidad dada por Dios y sobrepasa los límites aceptables para su satisfacción. Uno debe comer para satisfacer sus necesidades, pero no para traspasar los límites del dominio propio normal.

Retratado en esa pequeña analogía, está la verdad idéntica aplicable a tu vida sexual. Dios no solamente te dio el impulso de comer, sino que también te dio el impulso sexual. No sólo proporcionó Dios la vía normal de satisfacer el impulso del hambre... mediante la comida; sino que también proporcionó la vía normal de satisfacer el impulso sexual... mediante tu esposa.

Ahora bien, ¿crees que el impulso de comer es malo? ¿Crees que el impulso sexual es malo? Ambos son universales y dados por Dios. Ambos tienen soluciones universales y dadas por Dios.

Digamos que por alguna razón no pudiste comer en casa cuando estabas hambriento y te viste forzado a quedarte sin comer varios días. Aunque estabas muy hambriento, te sentías mal o avergonzado por pedirle comida al cocinero. O, cuando la pediste, encontraste la cocina cerrada y no la podías usar, pues el cocinero no estaba dispuesto a cocinarte algo para comer ese día. ¿Qué harías?

Después de un tiempo, te sentirías muy tentado a encontrar otra fuente de comida. ¿Por qué? Porque mientras más tiempo pasara sin pedir comida por vergüenza de estar hambriento, o te negara la comida la persona encargada de controlarla, más hambre tendrías, que te empujaría a buscar otra solución.

El único problema era que no había otro lugar legal donde encontrar comida para ti. La comida que era legalmente tuya, estaba fuera de tu alcance, así que te encontraste tentado... y pronto te encontraste pensando en comida que no era tuya.

¿Ves la aplicación inmediata a lo que la Biblia enseña? Estoy firmemente convencido de que la gran mayoría de la inmoralidad sexual entre los hombres cristianos, es porque interpretan mal las claras enseñanzas de la Biblia en este asunto vital de la inmoralidad sexual. Es "por causa de la inmoralidad sexual" que tienes que estar casado.

Si siempre tienes buena comida en la mesa a la hora de comida y pequeños bocadillos aquí y allá en la alacena, ¿cuán tentado te verías de robar la comida y meriendas de los demás?

Cuando las necesidades se satisfacen, se resuelve la tentación de satisfacer esas necesidades de un modo adecuado, en su mayor parte.

Por eso es que 1 Corintios prosigue con las palabras: "Que el marido cumpla su deber para con su mujer, e igualmente la mujer lo cumpla con el marido" (1 Corintios 7:3).

Puesto que Dios ha proporcionado la "comida" para satisfacer el impulso del hambre sexual en cada hombre y en cada mujer en la persona de su cónyuge, el esposo debe satisfacer la "obligación" o "deber" sexual para con su esposa y la esposa para con su marido.

¿Qué podría querer decir la Biblia en este contexto, de que el esposo debe "cumplir su deber", que no sea que él ha de ser diligente en ser la "comida" para el hambre sexual de su esposa? Una vez más, la Biblia no deja lugar a confusión en este asunto, porque el verbo "cumplir" está en imperativo; Dios *ordena* que tú y tu esposa satisfagan mutuamente las necesidades sexuales de cada uno. ¿Estás satisfaciendo las necesidades de ella? ¿Te está satisfaciendo ella las tuyas?

El don de Dios que es el sexo

¿Qué harías si Dios te trajera tu esposa ante ti y te dijera: "Sé que las necesidades sexuales de ambos no se están satisfaciendo de la forma en que lo desean; así que ahora te doy el cuerpo de tu esposa a ti para disfrutarlo y satisfacer tus necesidades sexuales. También le doy tu cuerpo a tu esposa, para que ella lo disfrute y satisfaga sus necesidades sexuales. Les estoy quitando su autoridad sobre su propio cuerpo... porque están viviendo como si sus propios cuerpos les pertenecieran, y sólo se lo dan mutuamente a regañadientes o rara vez. Cuando deseen tener relaciones sexuales, tienen todos los derechos y privilegios de la total autoridad sobre el cuerpo de su cónyuge, para satisfacer esas necesidades y deseos".

Probablemente se quedarían con la boca abierta de incredulidad. Si Dios prosiguiera: "Sólo tengo dos comentarios adicionales. Primero: cuando quiera que su cónyuge venga a ustedes buscando afecto sexual, tienen que tratar al otro con gentileza, consideración, bondad y amor. Segundo: puesto que

---

eña abiertamente que si no tienes relaciones sexuales ulares tu dominio propio se afectará sin lugar a dudas? Por mplo, te molestará un poquito si dejas de hacer una comida, cluso si ayunas todo un día, pero si continúas negándote mer, la "lucha" contra el impulso de comer será más y más nsa. Asimismo, si un cónyuge decide defraudar al otro en relaciones sexuales, ¡en realidad está forzando a su com- ero a luchar contra las tentaciones de Satanás que de otro lo no tendría que enfrentar! Este versículo no dice "no sea Satanás pueda tentaros" o "pudiera ocasionalmente ten- s" sino "que Satanás no os tiente".

¿Cuál es mi propósito? ¿Conoces a alguien que piensas ría necesitar tener una larga e íntima conversación con su yuge acerca de este mismo tema?

guntas para el estudio

¿Por qué piensas que tantos hombres se avergüenzan o están renuentes a que sus esposas sepan cuán frecuente- mente desean tener relaciones sexuales? ¿Qué diría tu esposa si fueras completamente franco con ella?

Si el hombre cristiano promedio tuviera relaciones sexua- les tan frecuentemente como lo necesitara en su matrimo- nio, ¿cuánto crees que lo ayudaría en su lucha contra la tentación?

¿Cuántos principios para la sexualidad santa puedes en- tresacar de 1 Corintios 7?

---

ado con permiso del cuaderno de trabajo del curso de video *La santidad rsonal en tiempos de tentación*. por el Dr. Bruce H. Wilkinson. ©1997 por uce H. Wilkinson y Walk Thru the Bible. La serie de video está disponible mando al 1-800-763-5433.

los he creado con deseos sexuales fuertes y regulares, siéntanse libres de entregarse a ellos tan frecuentemente como lo deseen. Cuando sientan tentaciones sexuales, asegúrense de satisfacerlas con el otro —y de disfrutar el placer que Yo he vinculado estrechamente con la intimidad sexual—, ese es uno de mis dones más especiales para ustedes". ¿Cómo te sentirías? Y si el cuerpo de tu esposa se volviera tuyo para disfrutarlo dentro de los límites del afecto, ¿harías algo diferente?

Lo que enseña la Biblia

¿Sabes algo? Dios lee tu mente, sabe tus impulsos, ¡y te dio literalmente el cuerpo de tu esposa! Cuando ambos pronunciaron los votos matrimoniales, la autoridad de tu cuerpo le fue otorgada a ella y su cuerpo te fue dado a ti.

¿Quién hubiese imaginado nunca que Dios se interesara tanto en el asunto de la intimidad sexual? ¿Quién hubiera soñado jamás que a Dios le importaran tanto nuestros impulsos sexuales, que nos dio, literalmente, "autoridad" sobre el cuerpo de nuestro cónyuge? ¿Por qué llegaría Dios a esos extremos si no fuese para proporcionar una solución satisfactoria, aceptable, apropiada y placentera para el impulso que Él creó?

¿Estás obedeciendo la voluntad de Dios? ¿Te satisfacen los senos de tu esposa *en todo momento*? ¿Por qué no?

Las necesidades sexuales en el matrimonio

Una de las creencias fundamentales que tengo en mi vida personal, así como en el ministerio mundial de Caminata Bíblica, es que la Biblia es la Verdad absoluta y definitivamente confiable de Dios. Sus respuestas son verdaderas, sin tener en cuenta lo que yo pueda pensar. Cuando mis ideas concuerdan con las de la Biblia, estoy en territorio seguro, pero cuando mis ideas o mi conducta no concuerdan con las Escrituras, estoy en territorio peligroso. Tomemos este asunto, por ejemplo: Si uno le pregunta al hombre moderno promedio cuál es la principal solución para la inmoralidad sexual, ¿qué diría? He revisado innumerables libros acerca del tema, y es raro el que de ellos presenta la clara solución bíblica para la inmoralidad sexual, que es que

los cónyuges disfruten de las relaciones sexual[es] como lo deseen, incluido el derecho al cuerp[o] para satisfacer esas necesidades.

¿Cuán frecuentemente puedes declinar l[as] sexuales de tu esposa y ella las tuyas? La respuesta: "¡Dejen de privarse el uno al otr[o]" puede expresarse: "¡Dejen de robarse mutuam[ente] 5:4 aclara mejor el significado: "He aquí, cl[ama] los obreros que han cosechado vuestras tie[rras] *engaño* no les ha sido pagado por vosotros; y los que habían segado han entrado en los oí[dos] los ejércitos" [Reina-Valera, 1960, énfasis a[ñadido]] el Señor te ha dado el cuerpo de tu esposa p[ara] necesidades presentes, por lo que si tu esposa [se priva] de ti, ¡lo que hace en realidad es robar algo q[ue] Del mismo modo, cuando decimos "no" a la[s] nuestra esposa, le robamos algo que Dios m[ismo]

Siguiendo el principio general de "dej[en] tuamente", la Biblia traza tres excepciones: privarse mutuamente por "acuerdo". Esto ambos acuerdan no tener relaciones sexuales, no las tengan. Por lo tanto, es totalmente a[ceptable] al cónyuge una posposición, pero Dios n[o] nieguen a la otra persona si no lo han acord[ado].

Segunda, pueden privarse mutuamente sólo lo que fija un límite de cuánto durará la posposi[ción] ésta es "por acuerdo durante un tiempo" y re[quiere] partes consientan en un tiempo aceptable par[a]

Tercera, la única razón revelada en este mitir "privarse uno al otro" es porque amb[os] su atención a asuntos espirituales, incluido ayuno. Observe que las palabras "para dedica[r] está en plural; para que ambos participe[n] sexual" con propósitos espirituales.

Por último, ambos deberán "volver desp[ués] fin de que Satanás no os tiente por causa de dominio propio". Estas palabras están llenas intuición acerca de las realidades sexuales. ¿V[en]

CAPÍTULO VEINTISÉIS

CERRANDO LA PUERTA DE LA LASCIVIA

POR CHARLES SWINDOLL

Se alaba muy poco al soltero que permanece controlado sexualmente. Demasiado a menudo, se le mezcla con lástima granulada o condescendencia en polvo. Irónicamente, mientras se alienta y admira la disciplina y el dominio propio en los atletas, músicos, estudiosos y ministros, se excusa extrañamente su falta en los asuntos sexuales. El mito secular ha infiltrado la conciencia cristiana: nuestras urgencias sexuales son abrumadoras e irresistibles (...) La castidad es un requisito del celibato cristiano. Más aún, la castidad es posible. Siempre habrá alguien que sugiera que ese modo de pensar es legalístico e irracional y que es improbable que tenga éxito. Mi respuesta sólo puede ser: "Cuando sea más grande que yo, también lo es Dios".

ROSALIE DE ROSSET

Sansón era un hombre varonil con debilidad por las mujeres. A pesar del hecho de que había nacido de padres devotos, apartado desde que nació para ser nazareo, y elevado a la envidiable posición de juez de Israel, nunca venció su tendencia a la lujuria. Por el contrario, fue vencido por ésta. En el relato de su vida contenido en el libro de Jueces, pueden observarse muchas cosas que ilustran su inclinación hacia la lascivia.

1. Las primeras palabras recogidas de su boca fueron "Vi una mujer" (14:2).
2. Le atraía el sexo opuesto estrictamente sobre la base de la apariencia exterior: "Tómala para mí, porque ella me agrada" (14:3).

3. Juzgó a Israel por 20 años, después volvió a su antiguo hábito de perseguir mujeres: una prostituta en Gaza, y finalmente Dalila (15:20-16:4).

4. Estaba tan preocupado con sus deseos lascivos, que ni siquiera supo que el Señor se había apartado de él (16:20).

Las consecuencias de la lujuria

Los resultados de los amores ilícitos de Sansón nos son familiares a todos. El hombre fuerte de Dan fue tomado cautivo y convertido en esclavo en el campo enemigo, le sacaron los ojos y lo ataron a un molino en una prisión filistea. La lujuria, el carcelero, ata y ciega y muele. El orgullo de Israel, quien una vez ostentó la posición más alta del país, ahora era el payaso rapado de Filistea; un patético y vacío cascarón humano. Sus ojos jamás volverían a pasearse. Su vida, una vez llena de promesas y dignidad, ahora era un retrato de desesperanza, de desesperación inerme. Otra víctima de la lujuria. Los recuerdos perfumados de placeres eróticos en Timna, Gaza y el infamante Valle de Sorek, ahora eran sepultadas por el hedor pútrido de una cárcel filistea.

Sin comprenderlo, Salomón escribió otro epitafio; éste para la tumba de Sansón:

> De sus propias iniquidades será presa el impío, y en los lazos de su pecado quedará atrapado. Morirá por falta de instrucción, y por su mucha necedad perecerá (Proverbios 5:22-23).

Las mismas palabras pudieran ser grabadas en el mármol sobre muchas otras tumbas. Pienso, por ejemplo, en el orador privilegiado de Roma, Marco Antonio. Al llegar a adulto, estaba tan consumido por la lujuria que su tutor una vez gritó con disgusto: "¡Oh Marco! ¡Oh chiquillo colosal... capaz de conquistar el mundo, pero incapaz de resistir una tentación!"

Cristianos bajo ataque

Pienso en el caballero que conocí hace varios años; un magnífico maestro bíblico itinerante. Me dijo que había estado guardando una lista confidencial de hombres que una vez fueron notables expositores de la Escritura. Capaces y respetados hombres de Dios... que habían hecho naufragar su fe en los bajíos de la degradación. Durante la semana anterior, me contó, había agregado el nombre del *número 42* en su librito. Esta triste y sórdida estadística, declaraba, le hacía ser extra cauteloso y discreto en su propia vida. Quizás para este momento haya añadido un par de docenas de nombres más.

Un escalofrío me recorrió el espinazo cuando me contó esa historia. Nadie es inmune. Tú no lo eres. Yo no lo soy. La lujuria no respeta personas. Tanto si es por un ataque feroz como por una sugerencia sutil, las mentes de un amplio espectro de personas son vulnerables a su ataque: agudos profesionales, hombres y mujeres, contratistas, estudiantes, carpinteros, artistas, músicos, pilotos, banqueros, senadores, plomeros, promotores y predicadores también. Su voz fascinadora puede infiltrar la mente más inteligente y hacer que su víctima crea sus mentiras y responda a su atractivo.

Y ¡cuidado! porque nunca se da por vencida; jamás se le acaban las ideas. Pon el cerrojo en tu puerta del frente y te tocará en la ventana del dormitorio, gateará en el salón a través de la pantalla de TV, o te guiñará el ojo desde una revista en el portal.

Cristo como tu mensajero

¿Cómo lidiar con un intruso tan agresivo? Intenta esto: Cuando la lujuria sugiera un encuentro, envía a Jesucristo como representante tuyo.

Haz que Él le informe a tu indeseado pretendiente, que no quieres saber nada con el deseo ilícito; nada. Haz que tu Señor le recuerde a la lujuria que desde que tú y Cristo han estado unidos, ya no eres un esclavo del pecado. Su muerte y resurrección te liberaron de la opresión y te dieron un nuevo Dueño. Y antes de que le dé a la lujuria un buen empujón lejos de tu vida, haz que Cristo le informe a este intruso que la paz y el placer permanente que disfrutas en tu nuevo hogar con Cristo, son mucho más grandes que la excitación temporal de la lascivia, que no la necesitas más a tu alrededor para tenerte contento.

Porque el poder del pecado sobre nosotros fue roto cuando nos volvimos cristianos y fuimos bautizados para convertirnos en parte de Jesucristo mediante Su muerte, el poder de tu naturaleza pecadora fue destrozado. Tu antigua naturaleza amante del pecado fue enterrada con Él por el bautismo cuando Él murió, y cuando Dios Padre, con poder glorioso, lo trajo de nuevo a la vida, te fue dada una nueva vida maravillosa para disfrutarla (Romanos 6:3-4).

Pero la lascivia es persistente. Si ha tocado a tu puerta una vez, volverá a tocar otra. Y otra. Estarás seguro sólo mientras busques de la fortaleza de tu Salvador. Trata de manipularla tú solo y perderás; cada vez. Por eso nos advierten una y otra vez en el Nuevo Testamento que *huyamos* de la tentación sexual. Recuerda. La lujuria está comprometida a librar una guerra contra tu alma; en una lucha de vida o muerte, en combate cuerpo a cuerpo. No encares a este enemigo mortal ni discutas o luches con tus propias fuerzas. Corre a buscar refugio. Clama por refuerzos. Llama por un ataque aéreo. Si te metes en una situación en que quedes indefenso y débil, si dejas la puerta incluso una hendija abierta, puedes estar seguro de que este antiguo enemigo la pateará para abrirla con una metralladora. Así que no la dejes abierta. No le des un asidero a la lascivia... ni siquiera un puntito.

El ejemplo de José

José era un creyente dedicado y bien disciplinado, pero era lo bastante listo para comprender que no podía azuzar a la lujuria sin ser barrido (lee Génesis 39). Cuando llegó el momento de una salida apresurada, el hijo de Jacob prefirió dejar su manto atrás antes de vacilar y dejar su piel.

Pero no Sansón. Tonto como era, pensó que podía acariciar la lujuria, inhalar su perfume embriagador y disfrutar su tibio abrazo sin la más ligera oportunidad de ser atrapado. Lo que parecía ser una inofensiva, suave, atractiva paloma de amor secreto se convirtió en un fétido buitre de pesadilla.

La lascivia es una llama que no puedes avivar. Te quemarás si lo haces.

Sansón firmaría esta advertencia por mí si pudiera, porque él, que está muerto, todavía habla.

Preguntas para el estudio

1. Busca en 1 Tesalonicenses 4:1-12 y encuentra al menos tres guías de cómo cerrar tu puerta a la lujuria. Anótalas en una tarjeta y mantenla a la mano.

2. ¿Qué puedes aprender de Sansón acerca de abandonarse a la tentación sexual?

3. ¿Qué puedes aprender de José acerca de no abandonarse a la tentación sexual?

Tomado de *Come Before Winter and Share My Hope* (Ven antes del invierno y comparte mi esperanza), por Charles Swindoll. © 1985 por Charles Swindoll, Usado con permiso de Zondervan Publishing House. Disponible llamando al 1-800-727-3480.

CAPÍTULO VEINTISIETE

ESTRATEGIAS PARA EVITAR CAERSE

POR RANDY ALCORN

Con nuestras pasiones es como con el fuego y el agua. Son buenos sirvientes pero malos amos.

SIR ROGER L'ESTRANGE

Algo terrible ha sucedido. La voz tensa era de mi amigo, llamando desde el otro extremo del país. "Ayer nuestro pastor abandonó a su esposa y escapó con otra mujer".

Me sentí triste, pero no sobresaltado ni siquiera sorprendido. Hace quince años me hubiera sobresaltado. Hace diez años me hubiese sorprendido. Pero he escuchado la misma historia demasiadas veces ya, para que me sorprenda otra vez.

Hace poco hablé acerca de la pureza sexual en un seminario bíblico. Durante aquellas dos semanas, muchos estudiantes vinieron pidiendo consejo, incluidas tres que llamaré Rachel, Barb y Pam.

Rachel fue directo al grano: "Mis padres me enviaron a uno de nuestros pastores para consejería, y terminé durmiendo con él". Más tarde el mismo día, Barb, hija de un líder de la iglesia, me contó entre lágrimas: "Mi papá ha tenido relaciones sexuales conmigo durante años, y ahora está empezando con mis hermanitas". La tarde siguiente me encontré con Pam. ¿Su historia? "Vine al seminario bíblico para alejarme de una relación con mi pastor".

Por cada conocida personalidad cristiana de la televisión o autor, cuya conducta impropia se convierte en escándalo público, hay innumerables de estos menos conocidos pastores, maestros de Biblia y obreros de la iglesia, que calladamente renuncian o son despedidos por inmoralidad sexual. La mayoría de nosotros puede nombrar a varios. De cualquier forma, el mito de que los ministros son moralmente invulnerables muere lentamente, aun frente a la evidencia abrumadora. Pero nunca ha habido un anticuerpo místico que nos haga inmunes al pecado sexual. Incluso aquellos de nosotros que no hemos caído, sabemos cuán feroz es la lucha contra la tentación.

Recuerdo turbado mi candidez como joven pastor. Cada vez que escuchaba las historias de líderes cristianos que caían en el pecado sexual, pensaba: *Eso nunca me sucederá a mí.*

¿Qué nivel de orgullo se requiere para creer que el pecado sexual pudo vencer a Sansón, David ("un hombre según el corazón de Dios"), Salomón, y muchísimos líderes cristianos modernos, pero no a *mí*? La advertencia de Pablo en 1 Corintios 10:12 merece un lugar prominente en nuestros guardafangos, escritorio o calendario: "El que cree que está firme, tenga cuidado, no sea que caiga".

Afortunadamente me volví más sabio. La persona que cree que nunca le robarán, deja sus puertas y ventanas abiertas, y su dinero sobre su vestidor. Del mismo modo, el que piensa que el peligro no es real, invariablemente corre riesgos que resultan muy costosos. Ahora vivo con el conocimiento atemorizante pero poderosamente motivador, de que *yo podría* cometer inmoralidad sexual. Comencé a tomar precauciones para impedir que me sucediera a mí.

Guía práctica para la pureza sexual

Vigilar mi pulso espiritual. Con frecuencia quienes caen en el pecado sexual pueden señalar los lapsos en que dejaron sus prácticas de meditación, adoración, oración y el saludable autoexamen que esas disciplinas propician. Todos nosotros sabemos esto, pero estamos tan ocupados en ayudar, que podemos fácilmente descuidar rellenar nuestras reservas espirituales.

Las disciplinas diarias son importantes, por supuesto, pero he encontrado que para mí no son suficientes. Dios le dio a Israel no solamente una hora diaria, sino un día de la semana, varias semanas al año, e incluso un año cada siete, a fin de romper el patrón de vida durante el tiempo suficiente para adorar y reflexionar y "cargar las baterías".

Periódicamente hago retiros de una noche, solo o con mi esposa. En momentos de gran necesidad, me he ausentado una semana, por lo regular en una cabaña en la costa de Oregón. Esto no es una vacación, sino un tiempo en el cual la falta de exigencias inmediatas y la ausencia de ruido, le dan claridad a la vocecita de Dios que con demasiada frecuencia queda ahogada por las ocupaciones de mi vida diaria.

Cuidando mi matrimonio

He encontrado que regularmente tengo que evaluar mi relación con mi esposa. En particular, vigilo los signos de descontento, pobre comunicación y relación sexual deficiente. Tratamos de pasar tiempo juntos de forma regular e ininterrumpida, para renovar nuestra intimidad espiritual, intelectual, emocional y física.

Muchos líderes cristianos se mueven tan libre y profundamente en el mundo de las grandes verdades y actividades espirituales, que a menos que se afanen mucho para comunicarse a diario, sus esposas se quedan atrás. Ese desenvolverse en dos mundos separados conduce a dos vidas apartadas y con frecuencia es el primer paso hacia una relación adúltera con "alguien que me comprenda a mí y mi trabajo".

La comunicación es clave porque todo adulterio comienza con un engaño, y la mayor parte de los engaños, con secretos aparentemente inocentes; cosas que "ella no necesita saber".

En mi trabajo, me rodeo de recordatorios de mi esposa e hijos: fotos, dibujos y recuerdos. Cuando viajo, mantengo el contacto con mi esposa tan a menudo como sea posible. Si estoy luchando contra la tentación, trato de ser franco y pido oración. Otra clave es una fiera lealtad hacia nuestras esposas.

VICTORIA SOBRE LA TENTACIÓN

Siempre trato de hablar muy bien de mi esposa en público y jamás la menosprecio ante otros. Y tengo mucho cuidado de no conversar de los problemas de mi matrimonio con alguien del sexo opuesto.

Tomando precauciones

Un pastor se percató de que su mente continuamente volvía a una compañera de trabajo, más que a su propia esposa. Después de meses de justificarse, al fin admitió ante sí mismo que estaba buscando razones para pasar tiempo con ella. Entonces su regla de conducta se volvió: la veré sólo cuando sea necesario; sólo el tiempo imprescindible; únicamente en la oficina y con otras personas presentes cuando sea posible. A su tiempo, su relación con ella volvió a su status original y saludable de compañera de trabajo.

Las preguntas con que me evalúo son: ¿Espero de un modo especial mi cita con esa persona? ¿Preferiría verla a ella que a mi esposa? ¿Busco encontrarme con ella lejos de mi oficina en un medio más casual? ¿Preferiría que mis compañeros de trabajo no supieran que me estoy encontrando con ella otra vez? Una respuesta afirmativa a cualquiera de esas preguntas es, para mí, una luz roja de advertencia.

Lidiando con las señales sutiles de la atracción sexual

Una relación puede ser sexual mucho antes de que se vuelva erótica. Sólo porque no estoy tocando a una mujer, o porque no estoy pensando en encuentros eróticos específicos, no significa que no me esté enredando sexualmente con ella. Lo erótico no es por lo regular el principio, sino la culminación de la atracción sexual. La mayoría de los pastores que terminan en la cama con una mujer, lo hacen no sólo por gratificar un instinto sexual, sino porque en realidad creen que han comenzado a amarla.

Una vez le pregunté informalmente a una mujer acerca de su obvio interés en un hombre casado con quien trabajaba. "Somos sólo amigos", contestó con una actitud defensiva que indicaba que no lo eran. "Es puramente platónico, nada sexual en absoluto". Sin embargo, en cuestión de meses, los dos amigos estaban escapándose de sus familia para estar juntos, y al final, su "amistad" desembocó en una relación que destruyó los matrimonios de ambos.

La lujuria no es sólo una pasión desbocada. Incluso cuando está "embridada" puede conducirnos hacia abajo por el sendero que nuestra conciencia no podía haber condonado si la hubiésemos experimentado de un modo más obvio y sensual. Por eso, nuestros enemigos no son únicamente pensamientos lascivos de sexo, sino también "inofensivos" sentimientos de enamoramiento.

Aclarando pensamientos nebulosos

A menudo justificamos nuestros devaneos con justificaciones lógicas, incluso espirituales. Un pastor no le habló a su esposa de sus frecuentes encuentros con una mujer en particular con la excusa de que él no debía violar la confidencialidad, ni siquiera con su esposa. Además, él sentía que su esposa se pondría celosa (sin una buena razón, por supuesto), así que ¿por qué molestarla? Bajo el manto del profesionalismo y la sensibilidad hacia su esposa, procedió a encontrarse con aquella mujer en secreto. El resultado era predecible.

Otro pastor había estado luchando con pensamientos lascivos hacia una chica universitaria en su iglesia. En vez de librar sus luchas a solas con el Señor, con un hermano maduro o con su esposa, sacó a la chica a almorzar para hablar con ella. Citando el mandamiento bíblico de confesar nuestros pecados y rectificar las cosas con la persona a quien hemos hecho mal, le dijo: "He tenido pensamientos lascivos contigo, y sentí que necesitaba confesártelos". Turbada pero halagada, la chica comenzó a acariciar sus propios pensamientos hacia él, y al final se enredaron sexualmente.

Todo esto vino de lo que el pastor se dijo a sí mismo que era una decisión espiritual y obediente: encontrarse con la chica. Usar mal la Escritura de esta manera y violar reglas de sabiduría y sentido común, demuestra cuán nebuloso y poco confiable puede volverse nuestro juicio.

Cuidando mi mente

Un ariete puede golpear el portón de una fortaleza mil veces, y parecer que no tiene efecto. Pero al fin el portón cederá. Del mismo modo, la inmoralidad es el producto acumulado de pequeñas indulgencias mentales y minúsculas transigencias, cuyas consecuencias inmediatas fueron, en su momento, imperceptibles.

Nuestros pensamientos son la tela con la cual tejemos nuestro carácter y destino. No, no podemos evitar todos los estímulos sexuales, pero "si estás a dieta, no entres en una dulcería". Para mí esto significa cosas tan prácticas como mantenerme lejos de los estantes de revistas, tiendas de video, anuncios, programas, imágenes, gentes y lugares que me tienten a sentir lujuria.

Un hombre que viaja intensamente me contó de una práctica que lo ha ayudado a guardar su mente de la inmoralidad: "Cuando quiera que me registro en un hotel", dice, "donde normalmente estaré por tres o cuatro días, les pido en la carpeta que por favor retiren la televisión de mi habitación. Invariablemente me miran como si estuviese loco, y me dicen: 'Pero, señor, si no quiere mirarla, no tiene que encenderla'. No obstante, puesto que soy un cliente que paga, insisto cortésmente y nunca se han negado a hacerlo".

Ensayar las consecuencias regularmente

Conocí a un hombre que había sido líder de una organización cristiana hasta que cayó en inmoralidad. Le pregunté: "¿Qué pudo haberse hecho para impedirlo?"

Lo pensó un momento y dijo con precisión y dolor persistentes: "Si sólo yo hubiera sabido en realidad, si hubiese pensado bien, realmente, lo que me costaría a mí y a mi familia y a mi Señor, francamente creo que nunca lo hubiera hecho".

A raíz de que algunos líderes cristianos cayeran en la inmoralidad, un copastor y yo elaboramos una lista de consecuencias específicas que pudieran resultar de nuestra inmoralidad. La lista fue devastadora, y a nosotros nos habló más poderosamente que ningún sermón o artículo acerca del tema.

Periódicamente, sobre todo cuando viajo o en momentos de debilidad, leemos toda la lista. De un modo personal y tangible, nos hace comprender la inviolable ley de selección y consecuencias de Dios, apartando la niebla de la justificación y llenando nuestros corazones con el saludable y motivador temor de Dios.

Ganando la batalla

En el libro *The Hobbit*, de J.R.R. Tolkien, no había nadie al parecer más invencible que Smaug, el poderoso dragón. Pero entonces aquel héroe improbable, Bilbo Baggins, encontró un punto vulnerable en el bajo vientre de Smaug. Esa información, en las manos de un hábil arquero, fue todo lo que hacía falta para sellar la suerte del presuntuoso dragón. Desapercibido de su debilidad y menospreciando a su oponente, Smaug falló en protegerse. Una flecha perforó su corazón, y el dragón cayó.

Una historia excitante con un final feliz. Pero cuando es un líder cristiano el derribado, el final no es feliz. Es trágico. El maligno conoce demasiado bien los puntos débiles de los más poderosos guerreros cristianos, para no mencionar al resto de nosotros. Él no es uno que desperdicie sus flechas, para que reboten sin hacer daño en las planchas más fuertes de nuestra armadura. Su objetivo es matar, y ciertamente atacará en los puntos más vulnerables.

Estamos en una batalla; una batalla mucho más feroz y estratégica que ninguna de las que Alejandro, Aníbal o Napoleón libraran jamás. Tenemos que comprender que nadie se prepara para una batalla de la que no está apercibido, y nadie gana una batalla para la cual no se ha preparado.

VICTORIA SOBRE LA TENTACIÓN

Preguntas para el estudio

1. Con frecuencia la exhortación de una mujer hermosa refuerza el ego de un hombre, lo que a menudo termina en pecado sexual. ¿Cuáles pasos puedes dar ahora para prevenir que este problema suceda en tu vida?

2. ¿Cuál es el paso que puedes acostumbrarte a dar para guardar tu mente de la tentación sexual? ¿Hay otros pasos que te puedas comprometer a dar?

3. Si fueras a enredarte en una relación adúltera, ¿cuáles serían las consecuencias? Tómate un tiempo para sentarte y relacionar cada consecuencia que se te ocurra. Entonces dobla la lista y ponla en tu billetera. Sácala de cuando en cuando y revísala.

Copyright por Randy Alcorn. Usado con permiso. Randy Alcorn es el autor de nueve libros y el director de Ministerios de Perspectiva Eterna, 2229 East Burnside #23, Gresham, OR 97030. El web-site del ministerio está en www.epm.org/-ralcorn.

CAPÍTULO VEINTIOCHO

PERO NO PUEDO DEJARLA IR

POR ERWIN LUTZER

Leyendo los periódicos y las revistas, uno pensaría que nosotros casi adoramos el busto femenino.

BILLY GRAHAM

Sus palabras finales me llamaron la atención. Al final de una larga conversación que sostuve con un hombre casado, acerca de su relación secreta con una mujer que él amaba de verdad, dijo las palabras lenta y deliberadamente: "No puedo dejarla ir".

Ser incapaz de dejar algo también se aplica a otros pecados, pero romper una relación con otro ser humano es más difícil. Se han compartido intimidades. La abstinencia parece irrealizable para uno que ha conocido la satisfacción.

Si sugieres otra cosa, te encuentras la objeción: "¡Tú no comprendes!"

No obstante, Dios dice que esos deseos deben abandonarse. Él sabe que no estamos a merced de nuestros sentimientos. Leemos: "No os ha sobrevenido ninguna tentación que no sea común a los hombres; y fiel es Dios, que no permitirá que vosotros seáis tentados más allá de lo que podéis soportar, sino que con la tentación proveerá también la vía de escape, a fin de que podáis resistirla" (1 Corintios 10:13).

Consideremos también la asombrosa declaracion de Cristo: "Todo el que mire a una mujer para codiciarla, ya cometió adulterio con ella en su corazón" (Mateo 5:28). Con unas normas tan altas, todos estamos condenados.

VICTORIA SOBRE LA TENTACIÓN

¿Cómo pueden controlarse semejantes deseos? Cristo anticipó nuestra respuesta. Él sabe que separarnos de la lujuria es como desprendernos de una parte de nuestros cuerpos.

Así que continuó:

Y si tu ojo derecho te es ocasión de pecar, arráncalo y échalo de ti; porque te es mejor que se pierda uno de tus miembros, y no que todo tu cuerpo sea arrojado al infierno. Y si tu mano derecha te es ocasión de pecar, córtala y échala de ti; porque te es mejor que se pierda uno de tus miembros, y no que todo tu cuerpo vaya al infierno (Mateo 5:29-30).

El término *piedra de tropiezo* se refiere a una carnada colocada en una trampa. El cuadro es el de una fosa cubierta con una delgada capa de ramas, para que el viajero desprevenido la pise y caiga. Cristo está diciendo que si tu ojo o tu mano es causa de que caigas en la trampa de la tentación sexual, tomes una decisión drástica.

Dijo que si es necesario cortar una mano o sacarte un ojo para mantenerte sexualmente puro, ¡lo hagas! Desafortunadamente, Sus palabras con frecuencia son descartadas porque se discute si Él estaba hablando en forma figurada.

Aunque Cristo no nos estaba diciendo que nos amputáramos partes de nuestros cuerpos, Él esperaba que cortáramos la fuente de nuestra lujuria o que nos separásemos de la tentación.

La amputación es dolorosa

Sentado en mi estudio, estoy tratando de visualizar mi mano derecha amputada. En los tiempos antiguos no había anestesia para aliviar el tormento palpitante que acompañaría a la cirugía. Después, quedaban cicatrices grotescas. Pero quitando el miembro enfermo había esperanza de recuperación.

Cristo sabía que no nos separaríamos de nuestras manos y ojos a menos que fuera absolutamente necesario. Haríamos cualquier cosa para salvarlos. Es muy difícil separarse de la lujuria. Cualquiera que haya experimentado el regocijo de la atracción sexual lo sabe.

Recientemente, le hablé a un hombre que estaba enamorado de otra mujer, pero ellos habían decidido romper su relación para que él pudiera volver a su esposa y su familia, y reconstruir su matrimonio. Él todavía sentía un profundo afecto por la mujer, y se preguntaba por qué sus emociones no cambiaron con respecto a su esposa.

Cuando un miembro de la pareja muere, tiene lugar un proceso de sanación. Habrá congoja, lágrimas y soledad. Y no obstante Cristo dice: "Hazlo".

¿Cómo?

Primero, alejándote de la tentación. El consejo de Pablo es "huid de la fornicación" (1 Corintios 6:18); "huye, pues, de las pasiones juveniles" (2 Timoteo 2:22). Huye de la tentación sin dejar la nueva dirección.

¿Y si la tentación está cerca, en la puerta de al lado o en el empleo? La semilla de la sensualidad tiene que ser aplastada antes de que tenga una oportunidad de afianzarse en la mente y el cuerpo. No importa lo que cueste, detenlo.

Puede que sea necesario cambiar de empleo, dejar de visitar ciertos lugares o apartarte de la compañía de amigos que influyen en ti para hacer el mal (Proverbios 1:10-19).

Es verdad que esto no garantizará inmunidad para futuras incitaciones, pero eso no niega las palabras de Cristo. Con frecuencia los cristianos saben precisamente lo que pudieran hacer para contrarrestar las incursiones del pecado.

Tenemos que pedirle a Dios que "no nos meta en tentación" (Mateo 6:13). Diariamente el pecado nos confronta en cien disfraces distintos. Pero Dios puede guardarnos de tropezar. "El Señor sabe rescatar de tentación a los piadosos" (2 Pedro 2:9).

Tenemos que arrojar a un lado la piedra de tropiezo, tratándola como lo haríamos con un asaltante. No es momento para negociaciones y para alargar un adiós.

Decirle no a nuestras pasiones es doloroso, pero posible. A muchos les han amputado un brazo cuando les ha cogido gangrena. Ellos soportaron el sufrimiento para contener el veneno.

Cristo sabía que no sería fácil. Sin embargo, nos pide que lo hagamos por nuestro propio bien y por amor de Su nombre.

La amputación es concienzuda

Supongamos que vas a un cirujano con un tumor canceroso en tu brazo y él dice: "Tengo el plan de hacer esto por partes. Voy a cortar la mayor parte ahora y quitar más después. No decidiremos ahora si al final lo quitaremos todo".

Eso es absurdo. Tú quieres que él lo quite todo desde la primera vez.

También debe ser así con el pecado sexual. El escritor puritano Benjamin Needler lo explicó así: "No debemos separarnos del pecado como de un amigo, con el propósito de volver a verlo y de tener la misma familiaridad con él que antes, o posiblemente mayor... Tenemos que sacudirlo de nuestras manos como Pablo sacudió de su mano la víbora en el fuego".

Hemos de quemar todo puente detrás de nosotros; nada de regresos. Tal como los antiguos judíos registraban sus casas con una vela para asegurarse de que no quedaba levadura alguna entre ellos, tenemos que registrar diligentemente nuestras vidas no sea que haya quedado atrás un poquito de pecado que pudiera sofocar nuestras vidas.

No quiero decir solamente pecado sexual; cualquier pecado que toleremos puede ser la causa del fracaso contra la tentación sexual. Pablo enseñó que la inmoralidad, la impureza, la sensualidad, la idolatría, la hechicería y otros pecados sensuales tienen una raíz común: la carne (ver Gálatas 5:19-21)

Trasigir en un asunto, conduce a problemas en otro. La ira sin resolver puede conducir a borrachera, deshonestidad y fornicación.

En Josué 7, Israel fue derrotado cuando luchaba contra los hombres de Ai. Un experto militar podía haber evaluado el ejército, estudiado sus tácticas y recomendado una mejor estrategia y equipo. Pero la causa real de la derrota de Israel era que Acán había robado una túnica que debía haber sido destruida junto con la ciudad de Jericó. Superficialmente el asunto no estaba relacionado, pero Dios estableció la conexión.

Puesto que todo pecado tiene la raíz común de la rebelión, un pecado, sin que importe cuán distante sea su relación, puede ser la causa de otro. Las fuerzas que abren la puerta del corazón a la lujuria, pueden ser alimentadas por una fuente diferente.

Puede que no pienses que hacer trampas en tu impuesto sobre la renta puede conducir a caer en la tentación sexual, pero así es. Si la codicia pudo causar una derrota militar, puede también causar una moral.

A.W. Tozer escribió: "La parte de nosotros que rescatamos de la cruz puede ser una parte nuestra muy pequeña, pero probablemente sea el asiento de nuestros problemas espirituales y de nuestras derrotas".

Toma media hora despaciosa y ora con el salmista: "Escudríñame, oh Dios, y conoce mi corazón; pruébame y conoce mis inquietudes. Y ve si hay en mí camino malo, y guíame en el camino eterno" (Salmo 139:23-24).

La amputación merece la pena

¿Merece la pena el dolor? Pregúntale al paciente de cáncer a quien el cirujano le ha dicho: "Lo sacamos todo".

Pero este regocijo palidece en comparación con las ventajas de la liberación moral. Cristo dijo que si uno tiene que escoger entre perder un ojo o perder el alma, sería tonto retener el ojo.

Arruinar el alma mediante la culpa y la vergüenza (aun si somos salvos como si fuera por fuego) es pagar un precio demasiado alto por el placer prohibido.

Un hombre con una sola mano y un solo ojo, es incapaz de satisfacer sus atesorados sueños. No tiene más opción que la de reencaminar su vida hacia objetivos más simples.

Cristo conoce nuestros desencantos. Sin embargo, Él dice que es mejor ser capaz de reclamar la fraternidad con Dios que satisfacerse y disgustar a Dios. Dios es un amigo de los solitarios, los frustrados y los tentados, pero Él juzgará a los que cometen inmoralidad y adulterio (Hebreos 13:4).

Walter Trobisch dijo con intuición: "La tarea que tenemos que enfrentar es la misma, tanto si somos casados como solteros: vivir una vida plena, a pesar de muchos deseos insatisfechos".

El pecado sexual, por muy atractivo que sea, nunca vale más que un brazo o una pierna. Alguien ha dicho: "Cuán diligentes somos en satisfacer el hambre y la sed de nuestros cuerpos; y qué lentos en satisfacer el hambre y la sed de nuestras almas".

Uno sólo puede saltar sobre un abismo de un salto largo, no en dos cortos. Necesitamos obedecer al instante; cualquiera que sea el costo.

Rompiendo la relación

Volvamos al caso del hombre que dice: "No puedo dejarla ir".

Dios ha dicho no a su relación.

Pero ellos se han entregado a una relación íntima y han desarrollado un sentimiento de obligación, de compromiso. La mujer puede decirle: "Si me dejas, me suicido". O puede decirle: "Si me dejas, se lo contaré a todo el mundo. Tienes que perder más que yo".

¿Qué puede hacer el hombre?

Puede acercarse a ella con un espíritu humilde y confesarle su parte del pecado. Es inútil discutir quién es el culpable; hasta cierto grado, los dos lo son.

Debe ayudarla a ver que él se siente genuinamente apenado de haberle robado su intimidad; de haberle robado lo que no le pertenecía y que inició un camino que conducía a la destrucción.

Él puede decirle que éste es el final. Que han terminado.

Debe estar dispuesto a someterse a cualquier disciplina que el Señor pudiera permitir. El miedo al escándalo no debe impedirle confesar y abandonar el pecado. Los rodeos siempre son más accidentados que el camino principal.

Nadie ha tenido éxito en hacer más llevadero el camino del transgresor. Pero cualquier cosa que suceda, probablemente será mucho menos grave que perder un ojo o una mano.

Sí, él puede dejarla ir.

Preguntas para el estudio

1. ¿Hay una persona, lugar o cosa en tu vida que continuamente te hace tropezar sexualmente? De acuerdo con Mateo 5:29, ¿cuál es el mejor modo de lidiar con eso?

2. ¿Qué es más importante para ti: sexo inmoral o tu relación con Dios? ¿Piensas que el uno puede mantenerte lejos del otro?

3. ¿Ha abandonado tanto Dios a algún cristiano que éste se sienta justificado para decir: "No puedo dejar mi pecado sexual"?

Materiales de *Living with Your Passions* (Viviendo con tus pasiones) por Erwin Lutzer, Chariot Publishing. © 1983. Usado con permiso de Chariot Victor Publishing.

CAPÍTULO VEINTINUEVE

EL PODER OCULTO DE LOS AMIGOS

POR GARY SMALLEY Y JOHN TRENT, PH.D.

Ningún hombre es una isla, completa en sí misma; cada hombre es un pedazo del continente, una parte del principal.

JOHN DONNE

Todos nosotros enfrentamos tormentas en la vida, pero no todos tenemos abrigo contra la tormenta. Gracias a Dios, Kyle y Ana tenían. Y si ese abrigo no hubiese estado a su disposición para correr a refugiarse en él, el matrimonio y la familia hubieran sido destrozados contra las rocas.

Kyle y Ana vivían en un típico hogar, en un suburbio típico en el sur de California. Tenían dos hijos, dos autos y las luchas típicas que toda pareja enfrenta. Pero lo que no es típico es algo a lo que Kyle y Ana se comprometieron hace varios años, que salvó su matrimonio.

Durante 15 años, Kyle y Ana habían enfrentado juntos las tormentas de la vida. A veces, sus problemas tenían vientos con fuerza de galerna, pero su matrimonio jamás había llegado al punto de volcarse —al menos hasta hace poco.

En medio de problemas financieros y de parentela, Kyle por último sintió que había llegado al fin de su resistencia. Cansado de los vientos de tormenta y de ser compulsado sentimentalmente día y noche, con una diatriba decidió que la única opción que le quedaba era la de abandonar a su esposa y su familia.

Kyle trató de abandonar el barco, pero amarrada alrededor de su vida había una línea de apoyo y de rendición de cuentas, que lo mantuvo a flote para que no se hundiera, ni su familia encallara.

Sin percatarse de ello, Kyle y Ana habían hecho una de las más importantes decisiones de su vida matrimonial cuando se unieron a un grupo de apoyo de otras parejas. A lo largo de los meses, habían fortalecido sus líneas de apoyo al punto de que, cuando Kyle empezó a empacar, Ana fue al teléfono y llamó a Terry, otro hombre del grupo. En minutos, Terry había llamado a Mike, otro hombre más del grupo.

Como una llamada por fuego, corrió el mensaje de que Kyle y Ana tenían problemas. Y después de un intervalo que hubiera enorgullecido a cualquier jefe de bomberos, Kyle tenía delante de él a sus dos amigos.

Durante meses, aquellos hombres se había reunido semanalmente, por lo regular los sábados a las 6:00 de la mañana, contándose sus cargas, conversando de sus problema financieros, de las fricciones matrimoniales. En cualquier sábado, podían hojear juntos un libro, o uno de ellos podían tener un versículo especial de qué hablar. Pero siempre había tiempo para orar unos por otros, para escucharse, para alentarse.

Y aunque no lo habían puesto por escrito, se sobreentendía que su grupito proporcionaba dos ingredientes esenciales que probarían haber marcado la diferencia entre la separación de Kyle y Ana, o su permanencia juntos.

Primero, Terry llegó y habló con Kyle, ofreciéndole el apoyo emocional de un amigo íntimo. [Más tarde Kyle dijo que el rato que pasó con Terry fue como si le hubieran puesto una bolsa de hielo y le hubiesen entablillado un tobillo dislocado.] Poco después de eso, llegó Mike, proporcionando otra dosis de aliento y apoyo.

Puesto que ambos eran corredores, Mike sugirió: "Hablemos mientras le damos una vuelta corriendo a la cuadra". Y mientras Kyle dejaba salir el vapor físico acumulado durante las cuatro vueltas que le dieron a la manzana —mucho más importante—, abrió las compuertas de la presión emocional que se había acumulado en su vida.

El rato que pasó con Mike fue un período de arrepentimiento, limpieza y recuperación. Mientras caminaban y corrían juntos,

Kyle finalmente se quebrantó y empezó a llorar. Por primera vez en años, dejó caer todas sus cargas.

Eso es lo que puede significar ser parte de un grupito: tener un amigo que esté junto a ti, que te eche un brazo por encima del hombro cuando estás llorando; que proporcione el consuelo y la conversación que te conduzca a una decisión que tú sabías todo el tiempo que era la correcta; que se quede con tu familia y resuelva las cosas; y en las semanas que siguen, alguien con quien andar mientras te estás recuperando.

Mientras Terry y Mike apoyaban a Kyle, sus esposas, Gail y Shirley, estaban con Ana. Y el resultado fue que en lugar de convertirse en otro hogar de padres solteros en un mar de sufrimiento, el de Kyle y Ana se convirtió en un abrigo de la tormenta. Un lugar de restauración. Y un refugio seguro para que los hijos crecieran sin el temor de estar en un barco que se hunde.

Las dos claves que sujetaron a Kyle a su familia, fueron las líneas de suministro de *apoyo* y *responsabilidad* dentro de su grupito. Pero ¿cuántos otros Kyles y Anas terminaron saltando por la borda ese día, pensando que sería más fácil nadar hasta otro comienzo, sólo para ser atrapados en la bajamar del dolor en el corazón que podría arrastrarlos al fondo?

Si ningún otro mensaje de este libro hace blanco en ti, nuestra oración es que éste lo haga. Porque desde que Jesús nos dejó para que viviéramos la vida cristiana, nos puso en grupos; pequeños centros de apoyo, pero que son lo bastante grandes para darnos la ayuda que necesitamos desesperadamente durante los momentos de prueba, y más aliento para un crecimiento positivo.

Los grupos pequeños dan apoyo con amor

¿Qué queremos decir específicamente cuando hablamos de ganar "apoyo"? ¿Y por qué es un beneficio tan importante hoy en día?

En realidad, el apoyo que unos hombres dan a otros, es muy antiguo. En el Antiguo Testamento, vemos una historia dramática de cómo, sin el apoyo de unos pocos amigos, una gran batalla pudo haberse perdido.

VICTORIA SOBRE LA TENTACIÓN

Comandado por Josué, el ejército de Israel luchó bravamente contra los amalecitas. Pero la victoria era muy incierta. El triunfo de Israel dependía de un milagro.

Desde su ventajoso punto de observación en la cumbre del collado, Moisés vio que cuando él levantaba la vara de Dios en sus manos, Israel iba ganando la batalla. Pero cuando él bajaba las manos, la marea se invertía en favor de los amalecitas. Así que Moisés se mantenía valientemente en pie con la vara en alto.

Pero... era inevitable que sus fuerzas comenzaran a desfallecer... que sus brazos cayeran lentamente... e Israel caería derrotado. Pero eso no sucedió. ¿Por qué? Una palabra: *apoyo*.

Aarón se paró a uno de los lados de Moisés, ayudándolo a sostener en alto una mano. Y Hur se paró al otro lado, sosteniendo su otra mano. E Israel obtuvo una gran victoria aquel día.

Eso es exactamente lo que hoy en día estamos llamando a hacer a los hombres con otros hombres: a estar al lado de un hermano que está comprometido a sostener su espada en la batalla por su familia. Y si su fuerza disminuyese, que él tenga alguien a su lado para ayudarlo a sostener su espada y triunfar.

Con todas las presiones y pruebas que enfrentamos, es duro sostenerse en pie solo. Y el hecho es que no tenemos por qué. La Escritura nos dice que si uno puede hacer huir a mil, ¡dos pueden hacer huir a diez mil! Hay poder en vincularse con un grupo que pueda ayudarnos a ser los hombres que estamos llamados a ser.

Una motivación más elevada para hacer lo correcto

¿Alguna vez has sufrido la falta de estímulo? No hablo sólo de deseos de cubrirte de nuevo la cabeza con las cobijas cuando suena la alarma del reloj despertador en una fría mañana de invierno, sino la falta de una íntima resolución para lidiar con un pequeño problema antes de que se vuelva grande: para convertir en realidad tu cita de padre con tu hija y que no siga siendo una meta. Para enfrentar por fin a tu padre amorosamente; cara a cara, no sólo en tus sueños. O proseguir con tantas buenas ideas que escuchaste en una conferencia o en la iglesia, pero que de algún modo has ido dejando escritas en tu libro de notas o has olvidado al caminar hacia tu auto.

Otro de los importantes beneficios de un grupito, es el aliento que se recibe cada semana para hacer las cosas lo mejor que puedas y para *ser* tú lo mejor posible. Cuando una persona que te apoya hace una simple pregunta como: "¿Qué tal te va esta semana?" o "¿Qué sucedió cuando hiciste tu tarea escolar?" o "¿De qué forma podrías resolver ese problema esta semana?" sientes la responsabilidad de rendirle cuentas. Es bueno tener una persona que te anima y exhorta; gente que apreciará tus esfuerzos y los retribuirá con un "¡Bien hecho!" Gente que está halando contigo para que logres lo que sea, no pinchándolo para que explote. Gente que va a decir: "¡Qué bueno está eso!" y aplaudirá y dará ¡vivas! cuando logres progresos. Pero cuando alguien te pregunta con cariño si la semana pasada hiciste lo que habías prometido, tienes una *supercarga* de motivación.

Para algunos hombres, sobre todo aquellos que han sufrido un pasado difícil, es duro acopiar la motivación interna. Un libro secular de gran venta capta este problema en su título: *¡Hombres pasivos y mujeres hiperactivas!* El autor puso el dedo en la llaga que es un problema común en todo el país: una cantidad de hombres tiende a ser pasivo y más lento que sus esposas en desarrollar una buena relación. Parte importante de la solución es que el grupito te apoye con amor y te *pida cuentas*.

Cuando un hombre lucha por tener una función activa en las decisiones familiares, a fin de ser el líder espiritual del hogar, para participar en las vidas de sus hijos, o aun para trabajar a fin de poner el pan sobre la mesa, la presión puede acumularse hasta el punto de explosión en un hogar. A menudo sin darse cuenta, se ha vuelto inactivo adrede: Si él se sienta quieto durante suficiente tiempo (usualmente tal como hacía Papá), la presión acabará por catapultar a su esposa a un frenesí de actividad, y ella hará el trabajo que se supone que él haga.

Muy pronto, en lugar de un equipo matrimonial, ¡habrá una sola jugadora en el campo y estará exhausta! Mientras más pasivo se vuelve el hombre, más activa se vuelve ella, y peor será el modelo que ambos le proporcionan a los hijos, quienes no se pierden un momento de la batalla.

Hombres, puede ser una píldora difícil de tragar, pero la holgazanería es una actividad aprendida. Sin embargo, incluso para los morosos posponedores profesionales hay esperanza. Sin excepción, los hombres que hemos visto en consejería, que luchan contra una falta de motivación *no están en grupitos*. Pero hemos visto una y otra vez que cuando finalmente se unen a un grupo saludable, las cosas comienzan a cambiar. ¿Por qué? Debido a ese mismo poderoso aguijoneo del apoyo en amor y la saludable rendición de cuentas que trae las cosas de las tinieblas a la luz.

Gana dominio propio sobre los hábitos y pensamientos indeseados

No hay algo más poderoso que un profundo sentido interior de dominio propio. Y es un poder que puedes desarrollar en un grupito de apoyo.

- Es la fortaleza de mantener la lengua callada en el empleo cuando todo el mundo está arrancándole las tiras del pellejo al jefe a sus espaldas.

- Es la resolución de cambiar de canal cuando hay una película para "adultos solamente" en la habitación del hotel, aunque estés solo y sea tarde por la noche.

- Es el valor de contar hasta diez... y diez más... en lugar de abalanzarte sobre tu esposa o tus adolescentes cuando te irritan.

En Proverbios 16:32, leemos que "mejor es el lento para la ira que el poderoso, y el que domina su espíritu que el que toma una ciudad".

Regir tu espíritu. Mantener controles sobre tu mal genio. Calmar tus reacciones para comportarte responsablemente en vez de con egoísmo. Esas son características del dominio propio, de la verdadera masculinidad.

Tanto si estás atrapado en los canales de cable-televisión, tentaciones sexuales, gastos sin control, comer demasiado, como abusando de sustancias prohibidas; tanto si estás atrapado en los primeros pasos de cualquier adicción como 20 millas más abajo en el camino de la ruina... ¡tienes esperanza! Al menos la tienes si perteneces a un grupito de amigos íntimos que te dan apoyo y te piden cuentas.

Preguntas para el estudio

1. Hay cuatro rasgos del carácter que tienen que estar presentes en una persona responsable: vulnerabilidad, capacidad de aprender, franqueza y accesibilidad. ¿Qué quieren decir para ti cada una de éstos? ¿Te falta alguno?

2. ¿Puedes pensar en alguien a quien debas rendirle cuentas? ¿Qué beneficios tiene esta responsabilidad?

3. Tómate un momento para hacer una lista de los nombres de una o dos personas con las cuales pudieras hacerte socio en pedir cuentas. Después de hablar con ellos, fijen un tiempo para reunirse.

Tomado de *El valor oculto de un hombre*, por Gary Smalley y John Trent.©1992, 1994 por Gary Smalley y John Trent, Ph.D. Publicado por Focus on the Family Publishers. Usado con permiso. Publicado en español por Editorial Unilit ©1994.

CAPÍTULO TREINTA

ASUMIENDO LA RESPONSABILIDAD

POR HOWARD Y WILLIAM HENDRICKS

La sabiduría eterna ha decretado que el hombre debe siempre erguirse en la necesidad del hombre.

TEOCRITO

Cuando nuestra familia era muy joven, teníamos un pequeño ritual que nuestros hijos nos pedían que repitiéramos con tanta frecuencia como fuese posible. Los poníamos en fila en el corredor, y uno por uno tenían que estar de pie, de espaldas hacia el revés de la puerta de un armario. Poniéndoles una regla sobre la cabeza, marcábamos una línea en la puerta y escribíamos la fecha y su estatura. De este modo desarrollamos una sencilla gráfica de crecimiento. Los chicos nos rogaban que midiéramos su crecimiento.

Una vez, cuando salía de viaje, Bev, mi segunda hija, me dijo que mientras yo estuviera fuera, ella estaba determinada a crecer. (Acabábamos de medirla.)

Por supuesto, cuando llegué de vuelta a Dallas y salí del avión, Bev corrió hacia mí entusiasmada con la noticia: "¡Papi! ¡Papi! ¡Ven a casa rápido! ¡Tienes que ver cuánto he crecido!"

Tan pronto llegué a casa, tomamos una regla y fuimos a la gráfica de crecimiento para medir su progreso. La distancia entre la nueva línea y la anterior no puede haber sido más de uno o dos milímetros, pero ella saltó gritando: "¡Ves, Papi! Ves, ¡te lo dije! ¡Sí que crecí!"

Más tarde ese día, los dos hablamos en el salón. Ella me hizo una de esas preguntas que uno quisiera que los niños nunca hicieran: "Papi, ¿por qué la gente grande deja de crecer?"

No sé qué le contesté, pero estoy seguro de que fue muy superficial. Es probable que fuera algo como: "Bueno, Bev, no es que exactamente se deje de crecer. ¡Dejan de crecer hacia arriba, pero empiezan a crecer hacia afuera!"

De todos modos, mucho después de que ella se hiciera mayor y viviera por su cuenta, Dios estaba obrando en mi vida con esa pregunta. ¿Por qué la gente grande deja de crecer? ¿Y hay alguna forma de hacerlos que sigan creciendo?

El proceso de crecimiento

La Biblia nos dice que la meta de la vida en Cristo es que nos volvamos como Él. Jesús les dijo a Sus discípulos que "todo discípulo, después de que se ha preparado bien, será como su maestro" (Lucas 6:40). En otras palabras, si seguimos a Cristo, al final seremos como Él.

Del mismo modo, Pablo dijo que hemos sido predestinados a ser hechos conforme a la imagen de Jesús (Romanos 8:29). De hecho, el propósito de la iglesia es ayudarnos a llegar "a la medida de la estatura de la plenitud de Cristo" (Efesios 4:13). Así que nuestro objetivo final es alcanzar a ser como Jesús.

Pero observa bien: el parecerse a Él implica más que solamente categorías "espirituales"; incluye todo en nuestras vidas. Jesús es el Señor de todo (Colosenses 1:15,17). Por lo tanto, Él quiere que nosotros nos parezcamos a Él en todos los aspectos de nuestra vida; el intelectual, el físico, el social y el emocional, así como el espiritual. ¿Es esa tu meta: parecerte a Él en todos los aspectos?

Incluso Jesús "creció", nos dicen, en cuatro aspectos: en "sabiduría", el componente intelectual; en "estatura", el componente físico; en "gracia para con Dios", el componente espiritual; y en "gracia para con los hombres", el componente social y emocional (Lucas 2:52). Al crecer en esos distintos aspectos, demostró que la vida es desarrollo. Estamos destinados a madurar, a aumentar nuestras capacidades dadas por Dios; todas ellas, no sólo las espirituales.

Este principio quedó muy brillantemente ilustrado en la vida de una de mis queridas amigas, quien falleció no hace mucho a la edad de 86 años. La última vez que la vi fue en una fiesta de Navidad, cuando se me acercó y me dijo: "Bueno, Hendricks, no te había visto en mucho tiempo. ¿Cuáles son los mejores cinco libros que has leído recientemente?"

¡No hay que decir que tenía su forma para mantenerlo a uno en vilo! Tenía la actitud de: No nos sentemos aquí para aburrirnos unos a otros. Conversemos sobre algo interesante. Y si no podemos encontrar un tema de conversación, ¡empecemos a discutir!"

Murió mientras dormía en casa de su hija en Dallas. Cuando fui allá a visitar la familia, su hija me contó que la tarde antes de morir, esta mujer se había sentado en su mesa de trabajo y había hecho una lista de sus metas para los siguientes diez años.

¡Me encanta! Esta mujer comprendía que la vida se trata de crecer. De hecho, en el momento en que dejamos de crecer, empezamos a morir. Ella nunca dejó de crecer. Lo único que la detuvo fue que, por último, su cuerpo se rindió.

El último encargo de Pedro a sus lectores fue: "Creced en la gracia y el conocimiento de nuestro Señor y Salvador Jesucristo" (2 Pedro 3:18). Así que la pregunta se vuelve: ¿Estás comprometido a cambiar y crecer?

Tutoría: Un arte olvidado

En los días en que la iglesia estaba comenzando y el Nuevo Testamento se estaba escribiendo, los muchachos eran guiados a convertirse en hombres mediante las relaciones que tenían con hombres mayores. Llámese tutoría, prohijamiento, aprendizaje, tutela, protectorado, o lo que sea: las lecciones de la vida se aprendían mediante el contacto vivo de las relaciones. De hecho, éste parece ser el patrón para el desarrollo personal a lo largo de la Escritura.

Estas relaciones tutelares las practicaban no sólo la gente de fe, sino también la sociedad en general. El método continuó hasta hace unos cien años, cuando la Revolución Industrial y otros factores trajeron un cambio radical en la manera en que se enseñaban las habilidades y el conocimiento.

Hoy en día enseñar significa decir, y probar se reduce a que el estudiante atiborre su cabeza con la mayor cantidad de información que pueda, y después la regurguite en una hoja de papel durante un examen.

Nunca olvidaré al estudiante con quien me encontré en el seminario cuando iba en camino a examinarse. Traté de iniciar una conversación con él, pero me dijo: "¡No me toque, Profe! ¡Se me chorrea todo lo que sé!"

Eso no es educación. Sin embargo, ¡muy a menudo equiparamos el conocimiento bíblico con la espiritualidad!

Volviendo a cuando estaba en el Wheaton College, yo trabajaba como director de jóvenes en una iglesia. Teníamos un chico en el departamento juvenil ¡que se había memorizado 600 versículos al pie de la letra! Todd (lo llamaremos así) era sorprendente. Uno podía darle cualquier referencia, y él le contestaba con el versículo en cuestión.

Un día me dijeron que alguien había estado robando dinero de la ofrenda del departamento juvenil. Así que me designé como comité de uno para investigar, y —lo adivinaste— nuestro prodigio de los 600 versículos resultó ser el culpable. Lo atrapé con las manos en la masa.

Así que me llevé a Todd a mi oficina y lo confronté con su fechoría. Incluso le di un versículo de la Escritura para hacerle comprender mi punto... a lo cual respondió que me había equivocado al citar el versículo.

Por último le dije: "¿Ves alguna conexión entre ese versículo de la Escritura y tu robo de la ofrenda?"

"No", respondió Todd. "Bueno, quizás".

"¿Cuál crees que sea la conexión".

"Que me atraparon".

Este chico tipifica nuestro defectuoso sistema de educación espiritual. Nos inclinamos a pensar que si alguien se ha aprendido la Biblia, es prácticamente un gigante espiritual. Pero desde la perspectiva de Dios, lo importante en esto no es el conocimiento, sino la obediencia activa. Lo que cuenta no es cuánta verdad hay en tu cabeza, sino en tu vida. Hebreos 5:13-14 distingue entre los niños, que no están acostumbrados a la enseñanza acerca de la justicia, y el adulto, "los cuales por la práctica, tienen los sentidos ejercitados para discernir el bien y el mal".

A Dios no le impresiona cuánto yo sé (intelectualmente) de Su Palabra; Él quiere saber cuánto me estoy pareciendo a Cristo. En el reino espiritual, lo contrario de la ignorancia no es el conocimiento, sino la obediencia. De hecho, de acuerdo con la comprensión del término en el Nuevo Testamento, el "saber" y no hacer, es "no saber" en absoluto.

Y es ahí donde el tutelaje pudiera salvar la situación. Cada día se me hace más claro que no necesitamos más libros, cintas, transmisiones, sermones y todo eso, para "enseñarnos" cómo vivir la vida cristiana. Lo que necesitamos es relacionarnos con personas que conozcan a Cristo (por experiencia propia) y puedan ayudarnos a conocerlo en nuestra necesidad. No es suficiente arengar a alguien con la exhortación de "seguir a Jesús". Necesitamos mentores que puedan decir como Pablo: "Sed imitadores de mí, como también yo lo soy de Cristo"; modelos que muestren en carne y hueso de qué se trata la vida cristiana.

Tu responsabilidad

¿Entonces esto coloca toda la carga sobre los mentores, a fin de que nosotros pasemos de una etapa de crecimiento a la próxima? De ninguna manera. Eso coloca una carga, tanto sobre ti como sobre mí, de salir a buscar y encontrar personas que puedan ayudarnos a llegar al próximo nivel.

La pelota está en tu campo. Permíteme terminar con cuatro cosas que puedes hacer para enfrentar el reto:

1. Encontrar un mentor. Una vez más, todo hombre necesita a un Pablo y un Bernabé, un hombre mayor y un igual. No te quedes atascado con el factor edad. Búscate hombres que sientas que pueden ayudarte a crecer y realizar los objetivos de tu vida.

VICTORIA SOBRE LA TENTACIÓN

El encontrar mentores tomará tiempo y energía de tu parte, y puedes tener que esperar un poco porque llegue hasta ti la persona adecuada. Pero el esfuerzo de encontrar esa persona valdrá la pena en términos del crecimiento que experimentarás.

2. *Haz del tutelaje una forma de vida.* No estamos hablando de encontrar un solo mentor para el resto de tu vida. Eso sería muy poco usual. Incluso si encontraras una relación que durara tanto, todavía necesitarías varios mentores a lo largo del curso de tu vida. Necesitas una variedad de perspectivas, y distintos hombres contribuirán con diferentes aspectos en distintas etapas de tu desarrollo. Por consiguiente, necesitas estar siempre en la búsqueda de mentores devotos. Debe volverse una forma de vida.

3. *Encuentra mentores para tus hijos.* Puedes hacer un servicio inapreciable a tus hijos si te mantienes buscando posibles mentores para ellos. Es obvio que tú, como padre, desempeñas en primer lugar esa función en el desarrollo de tus chicos. Pero no puedes proporcionarlo todo. Dios nunca tuvo la intención de que lo hicieras.

Así que es sabio de tu parte buscar maestros, entrenadores, líderes jóvenes, otros padres y compañeros de trabajo, que estén dispuestos a prohijar a tu hijo o hija. De esa forma, tus hijos no tendrán que crecer y decir como quizás tú has estado diciendo: "Nadie se preocupó de edificarme".

4. *Prohija a otro.* Además de un Pablo y un Bernabé, todo hombre necesita un Timoteo: un hombre más joven cuya vida él está edificando. Lo que quiera que Dios te haya dado, tienes una obligación de compartirlo con otro que lo necesite.

Puedes marcar una diferencia

Si te detienes a pensarlo, en realidad cuesta muy poco marcar una diferencia importante en la vida de alguien. Piensa en la gente que ha sido importante en tu vida. ¿Les hizo falta tener habilidades o conocimientos muy notables? Algunas veces, quizás. Pero mucho más a menudo, lo que importaba era que estaban allí, que les importabas, y que te lo dijeron.

¿Puedes hacer eso? ¿Puedes dedicarle a alguien una hora de tu tiempo? ¿Puedes contarle historias de tu vida acerca de situaciones que has tenido que enfrentar? ¿Puedes alentarlo a aferrarse dónde está cuando las cosas se pongan difíciles, y estar a su lado mientras libra sus batallas? ¿Puedes orar con él y por él?

El proceso no es tan complicado.

Preguntas para el estudio

1. Lee 1 Juan 2:12-14. Estos tres versículos describen tres categorías de creyentes: niños, jóvenes y padres. ¿Cuán importante es en la Escritura que tú crezcas hasta ser un "padre" espiritualmente"

2. ¿Puedes pensar en alguien en tu vida a quien ahora mismo podrías preguntarle si puede ser tu mentor?

3. ¿Conoces a alguien que necesite un mentor? ¿Estarías dispuesto a ocupar el puesto?

Tomado de *As Iron Sharpens Iron* (Como el hierro afila el hierro), por Howard y William Hendricks. © 1995 por Howard G. Hendricks y William D. Hendricks. Publicado por Moody Press. Usado con permiso.

UNA ORACIÓN PIDIENDO PROTECCIÓN CONTRA LA TENTACIÓN

POR MARTÍN LUTERO

Tenemos tres adversarios: la carne, el mundo y el diablo. Por consiguiente, oramos:

Amado Padre: concédenos la gracia de que podamos controlar la avidez de la carne. Ayúdanos a resistir el deseo de comer, beber, dormir demasiado, estar ociosos y ser holgazanes. Ayúdanos por el ayuno, la moderación en comer, vestir y dormir y trabajar, velando y trabajando, para traer la carne a sujeción y hacerla apta para buenas obras.

Ayúdanos a atar sus inclinaciones malas y corruptas y todos sus deseos e incitaciones con Cristo sobre la cruz, y a matarlas, para que no consintamos en ninguna de sus fascinaciones, ni las sigamos. Ayúdanos cuando veamos una hermosa persona, o imagen o cualquier otra criatura, a fin de que no sea una tentación, sino una ocasión para el amor a la castidad y para alabarte a Ti en Tus criaturas. Cuando oigamos dulces sonidos y sintamos cosas que complazcan nuestros sentidos, ayúdanos a buscar en ello no la lascivia, sino Tu alabanza y honor.

Protégenos del gran vicio de la avaricia y avidez por las riquezas de este mundo. Guárdanos, para que no busquemos el honor y poder de este mundo, ni consintamos en desearlos. Presérvanos, para que el engaño, apariencia y falsas promesas del mundo, no puedan movernos a andar en sus caminos.

Protégenos, para que la malicia y adversidades del mundo no puedan conducirnos a la impaciencia, venganza, ira u otros vicios. Ayúdanos a renunciar a las mentiras y engaños del mundo, sus promesas e infidelidades, y todo su bien y su mal (como ya hemos prometido hacer en el bautismo), para morar firmemente en esta renunciación, y crecer en ese respecto de día en día.

Guárdanos de las sugerencias del diablo, para que podamos no consentir en el orgullo, volvernos presuntuosos y despreciar a otros por causa de las riquezas, rango, poder, conocimiento, belleza u otros buenos dones Tuyos. Presérvanos, para que no caigamos por cualquier causa en el odio o la envidia. Portégenos, para que no cedamos a la desesperanza, esa gran tentación de nuestra fe, ni ahora ni en nuestra última hora.

Ten a Tu cuidado, Padre celestial, a todos los que se afanan y laboran contra esas grandes y múltiples tentaciones. Fortalece a quienes todavía estén en pie; levanta a todos aquellos que han caído y están derrotados; y a todos nosotros concédenos Tu gracia, para que en esta vida miserable e incierta, rodeados perennemente por tantos enemigos, podamos luchar con constancia, y con una fe firme y caballerosa, y ganar la corona eterna.

Preguntas para el estudio

1. Dedica unos momentos a pronunciar esta oración. Léela despacio, y después de cada pensamiento completo, detente y aplícalo a tu propia vida. Anota cualquier cosa específica que necesites.

2. Si estás estudiando este libro con un grupito, emplea una de las sesiones en orar por cada miembro del grupo y exhortarlos a seguir los pasos de este libro, a fin de conseguir la Victoria Sobre la Tentación.

"Una oración pidiendo protección contra la tentación", por Martín Lutero. De dominio público. Tomado de *Las obras de Martín Lutero*, Volumen 2, Baker Book House.